10 ATAJOS
Cerebrales para
Redes de Mercadeo

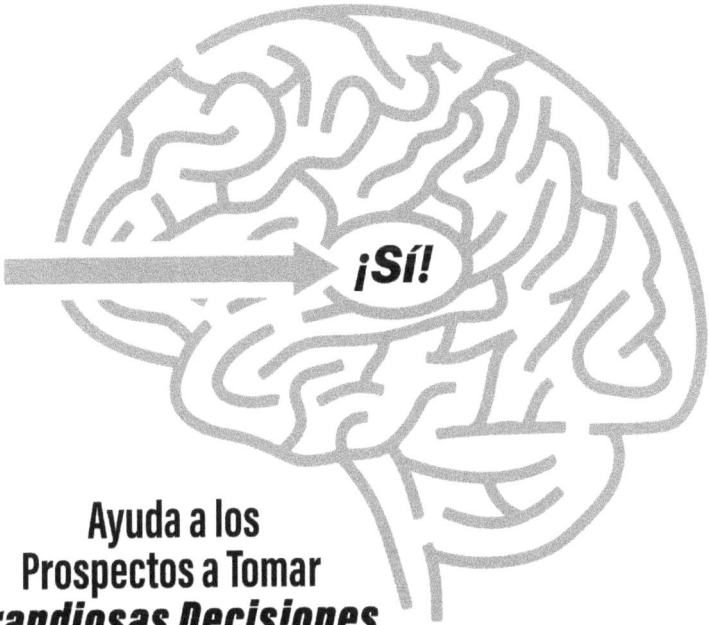

¡Sí!

**Ayuda a los
Prospectos a Tomar
*Grandiosas Decisiones***

KEITH Y TOM "BIG AL" SCHREITER

Publicado por Fortune Network Publishing

PO Box 890084
Houston, TX 77289 Estados Unidos
Teléfono: +1 (281) 280-9800

BigAlBooks.com

ISBN-13: 978-1-948197-82-3

CONTENIDOS

Viajo por el mundo más de 240 días al año.
Envíame un correo si quisieras que hiciera
un taller "en vivo" en tu área.

→ BigAlSeminars.com ←

¡OBSEQUIO GRATIS!
¡Descarga ya tu libro gratuito!

Perfecto para nuevos distribuidores. Perfecto para
distribuidores actuales que quieren aprender más.

→ BigAlBooks.com/freespanish ←

Otros geniales libros de Big Al están disponibles en:

→ BigAlBooks.com/spanish ←

PREFACIO

¿Sabemos cómo funciona la mente humana?

No totalmente. Pero tenemos guías generales.

Estas guías nos ayudan a conectar con nuestros prospectos en un nivel más alto. Cuando entendemos que los demás tienen prejuicios, opiniones irracionales y puntos ciegos, podemos comunicarnos más efectivamente.

¿Tenemos que estudiar neurociencia? ¿Hacer investigaciones del cerebro? No. No tenemos siquiera que ser expertos en la biología del cerebro. Afortunadamente, los científicos han sido los pioneros en ese camino y han compartido sus descubrimientos con nosotros.

Este libro toma algunos de esos descubrimientos y los aplica de manera práctica dentro de nuestro negocio de redes de mercadeo.

¿Y cuál es nuestra misión como empresarios de redes de mercadeo?

Nuestra misión es obtener decisiones positivas de nuestros prospectos. Nuestras compañías hacen todo lo demás. No nos piden que vayamos a las oficinas centrales y atendamos casos de servicio al cliente. No tenemos que diseñar los sitios web. No tenemos que trabajar en la oficina de envíos ni en el departamento de adquisiciones. De hecho, no somos parte del negocio.

En lugar de eso, nos asociamos con la compañía. Ellos hacen todo lo demás, y nosotros conseguimos el "sí" de los prospectos. Luce como un buen trato.

Bien, si nuestro trabajo es conseguir el "sí," ahora es un buen momento para aprender cómo conseguir estas decisiones. ¿Nuestra primera y única parada? El cerebro.

Los prospectos toman decisiones con sus cerebros, no con sus pies. Sus decisiones no provienen de los alimentos que comen, de cristales mágicos, o de las vibraciones del universo. Sí, su cerebro toma las decisiones.

Ahora, esto revela una pregunta interesante.

"¿Cómo funcionan nuestros cerebros?"

En este libro veremos una manera de comprender nuestras mentes. Pero recuerda, es solamente un punto de vista, no el único punto de vista. Relájate. Este no es un libro de biología ni de psicología. En lugar de eso, este libro tiene como propósito permitirnos tener más empatía con nuestros prospectos.

Elegimos este punto de vista debido a que nos ayuda a comprender cómo nuestros prospectos toman decisiones grandiosas... y decisiones terribles. Luego, podemos hacer algo al respecto de este proceso de toma de decisiones. No nos sentiremos como víctimas indefensas, sujetos a los caprichos de las decisiones de los prospectos.

SE NECESITARON 3 DARDOS TRANQUILIZANTES Y UNA PISTOLA TASER PARA DERRIBARLO.

Todo estaba saliendo mal.

Esta era la peor junta de oportunidad de la historia.

El presentador, loco con anfetaminas, hablaba demasiado rápido. Incluso si los prospectos estaban interesados, no podían seguir el paso. Demasiada información en muy poco tiempo. Un largo y borroso monólogo.

¿Había una conexión? No. Todo mundo sentía que el presentador estaba dando un sermón. No había compromiso. No había afinidad.

Datos, datos, beneficios, más beneficios, investigaciones, pruebas, reportes de resultados, estadísticas... el tsunami no terminaba. El único alivio provino del video de la compañía, que le permitió a todos dar un suspiro, revisar sus mensajes y tomar una siesta.

¿Podíamos empeorar? Por supuesto. Algunas pesadillas nunca terminan.

Las técnicas de cierre de alta presión venían como la marejada. Culpa, humillación, y ataques sobre la capacidad de

1

los prospectos de tomar control sobre sus vidas. Incluso los distribuidores se sentían incómodos.

Afortunadamente, lucía como que la presentación estaba terminando, ¡pero no! El orador garantizó el desastre al decir: –Oh esperen, ¡lo olvidé! Hay más.– Se necesitaron tres dardos tranquilizantes y una pistola Taser para derribarlo del escenario.

Gruñidos silenciosos de alivio por parte de los prospectos. La junta de oportunidad había terminado.

¿La respuesta final de los prospectos?

Huir a toda velocidad hacia sus autos el instante en que la presentación terminó.

La mejores intenciones son insignificantes sin habilidades.

El despistado presentador tenía metas, un tablero de visión, recitaba afirmaciones, y cantó el himno de la compañía antes de comenzar la reunión. Vibrando de entusiasmo, este súper-motivado asesino de prospectos tenía las mejores intenciones. Quería entregar la mejor junta de oportunidad de su vida. Adoraba este negocio.

Pero hacer que el mensaje dentro de nuestra cabeza llegue a la cabeza de nuestros prospectos requiere de habilidades. Nuestro presentador no sabía esto, y le falló a todos en el salón.

Sí, el fracasó es una opción.

Pero nosotros no queremos esa opción.

SE NECESITARON 3 DARDOS TRANQUILIZANTES Y UNA PISTOLA TASER PARA DERRIBARLO.

¿Qué deberíamos hacer si el fracaso no es una opción?

Aprendemos las habilidades para transmitir nuestro mensaje a los demás, con el propósito de obtener una decisión de "sí."

Mientras que algunas personas pueden pensar que esto en un arte, la buena noticia es que es una habilidad. Cualquiera puede aprender a hacer esto. Comencemos ya.

TODO SE TRATA DEL CEREBRO.

La imagen completa es simple.

1. Los cerebros de nuestros prospectos reciben nuestro mensaje (a veces).

2. Luego, los cerebros de nuestros prospectos toman una decisión (siempre).

Primero, el mensaje.

¿Alguna vez has estado hablando con alguien, pero sentiste que nadie te escuchaba? Observamos nuestro mensaje chocar contra su frente y caer destrozado en el piso, nunca entró a su cerebro. Es un sentimiento muy triste.

Pero no culpemos a nuestros prospectos. El error no es suyo. Sus cerebros tienen programas que ignoran casi todo. Debemos de ser mejores que eso. Debemos ser imposibles de ignorar para nuestros prospectos.

Hay millones de bits de datos que luchan por la atención de nuestros prospectos. Si no somos el primero, sus mentes conscientes nos ignorarán. El segundo lugar no es suficiente.

Gran parte de este libro se trata sobre obtener esa atención, e implantar nuestro mensaje en la memoria de nuestros prospectos.

4

Después, la decisión.

Esto es difícil. El cerebro es complejo. Así que también veremos cómo funciona la mente.

Cuando comprendemos algunas reglas básicas sobre la mente, nuestra capacidad de obtener decisiones positivas mejora. No vamos a casa y pensamos, "No sé por qué no quisieron unirse. Esto era perfecto para ellos."

¿La mente gobierna? Sí. No hemos visto esto en la escuela, y no nos lo enseñaron en nuestros trabajos. Pero ser ignorante no es excusa. El universo tiene una regla. Dice, "Si vamos a ser estúpidos, vamos a ser castigados."

Ahora sería un momento genial para que aprendamos algunas reglas básicas del cerebro. No sólo patrocinar y vender será fácil, sino que no regresaremos a casa rascándonos la cabeza preguntándonos qué sucedió.

Obtener un "sí" se siente genial. Vamos a hacer que ocurra.

Vamos a comenzar por dar un vistazo al cerebro. Entre más comprendamos al cerebro, más fácil será ajustar la forma en que hablamos con las personas.

¿CÓMO NUESTROS CEREBROS TOMAN DECISIONES?

¿No debería ser esta la pregunta más importante en nuestra profesión?

Como mencionamos antes, nuestro trabajo es obtener el "sí" de los prospectos. Eso es lo que nuestras compañías nos pagan por hacer.

No hay bonos por motivación, recorte perfecto de fotografías para el tablero de visión, enviar personas a un sitio web, y hacer que el prospecto decida que "no."

Tenemos un trabajo. Obtener prospectos para que pertenezcan a nuestro negocio o sean clientes.

Las buenas noticias son que nuestras compañías tienen que hacer todo lo demás. Esto significa que podemos concentrarnos en obtener un "sí."

Pero de regreso a la pregunta original, "¿Cómo nuestros cerebros toman decisiones?" Si no hacemos esta pregunta, y no tenemos idea de cómo funcionan nuestros cerebros, luciremos tontos. Nos acercaríamos con prospectos potenciales y no sabríamos dónde o cómo comenzar nuestra conversación.

Considera esta conversación con un prospecto a distribuidor:

Nosotros: –Por favor, únete a mi negocio.–

Prospectos: –¿Qué hacen?–

Nosotros: –Hacemos que los prospectos decidan que "sí." No tengo ni idea de cómo. ¿Quieres unirte?–

Wow. Tal vez eso es por qué los prospectos no se unen a nuestro negocio.

O, ¿qué tal esta conversación en una fiesta?

Desconocido: –¿Y a qué te dedicas?–

Nosotros: –Estoy en el negocio de tomar decisiones. No sé cómo funciona.–

Desconocido: –Oh.–

¿Podemos construir nuestro negocio de redes de mercadeo sin aprender nada acerca de lo que hacemos? Sí. Ya se ha hecho. Pero el camino es largo, frustrante, y muy, muy duro. No queremos esperar años por resultados.

Los prospectos son listos. Pueden sentir la incompetencia y oler la desesperación. No necesitamos esta desventaja dolorosa.

¿Un mejor plan? Reducir nuestro dolor al aprender unas pocas pautas sobre cómo funciona nuestro cerebro.

DECISIONES, DECISIONES, DECISIONES.

Dejando de lado la mala biología, aquí hay una metáfora que nos ayuda a comprender nuestras mentes. Esta es una gran simplificación, pero debemos de comprender cómo nuestros prospectos toman decisiones.

La mente consciente.

Imagina un pequeño guisante. Esto representará nuestra mente consciente.

Esta es la parte de nuestra mente que usamos para aprender cosas nuevas, escuchar conferencias, y averiguar cosas. La palabra clave es, "Pensar."

Si vemos algo inusual o poco familiar, tenemos que pensar. ¿Esta cosa nueva es peligrosa? ¿Me comerá? O, ¿se come? ¿De qué se trata?

Esta parte del cerebro es genial para aprender cosas nuevas. La estás usando ahora mismo al leer este libro.

La mente consciente usa mucha energía. Recuerda esto. Será importante más adelante.

Imagina que estamos estudiando duro para un examen. Incluso cuando sólo estamos sentados, ¿no nos sentimos cansados después de unas horas? Usar la mente consciente quema mucha valiosa energía.

Sentarnos y pensar es como hacer ejercicio, pero sin el sudor. Cuando pensamos duro durante mucho tiempo, decimos, "¡Estoy mentalmente exhausto! Ahora todo lo que quiero hacer es olvidarme y ver televisión."

Los niños saben esto. Cuando quieren pedir un favor de papá y mamá, esperan hasta tarde en el día. Ellos saben que sus padres se sentirán cansados de pensar todo el día, y son vulnerables a sus habilidosas peticiones de azúcar.

Esta parte de la mente está optimizada para el pensamiento. No es buena para tomar decisiones. ¿Por qué?

#1. Es muy lenta.

Si usamos esta parte de nuestras mentes para tomar decisiones, moriríamos. Piensa en ello. Tenemos que tomar más de 100,000 decisiones cada segundo sólo para permanecer vivos. Parpadea este ojo, crea 30,000 enzimas digestivas nuevas, bombea sangre para acá, mueve estos músculos, crea más células T4, es hora de hacer latir el corazón, primero abrimos este ventrículo, no te olvides de respirar…

Y todas estas decisiones, ¡sólo para seguir con vida! Afortunadamente, otra parte de nuestra mente toma todas estas decisiones por nosotros.

Imagina este escenario. Nos tropezamos con una roca y comenzamos a caer de boca contra el pavimento. No queremos que nuestra mente consciente esté tratando de decidir qué hacer.

Podría decirse a sí misma, "El pavimento parece estar aproximándose a mi rostro rápidamente. Mi rostro no está protegido. Tal vez debería hacer algo para protegerlo. Puedo activar uno de los músculos en mi brazo para comenzar a mover mi mano para proteger mi rostro. Sí, eso sería una buena medida protectora. Vamos a enviar la señal eléctrica a los músculos apropiados para comenzar esta actividad de protección."

¡PAF!

Pensar es lento. Pensar lo suficiente como para tomar una decisión es demasiado lento. Nada terminaría de hacerse.

#2. Es muy pequeña.

La parte consciente de nuestras mentes sólo puede mantener un pensamiento a la vez. Es todo. ¿Puede hacer múltiples tareas? Realmente no.

Nuestra mente puede ir adelante y atrás, pero eso requiere de precioso tiempo de transición. Para probar esto podríamos intentar este peligroso experimento. Por favor hazlo en un lugar seguro.

Trata de multiplicar dos grandes números mentalmente, mientras dos personas hablan simultáneamente sobre cosas diferentes, mientras conduces tu auto a través de un campo de obstáculos. Esto no va a terminar bien.

Nuestras mentes conscientes tienen límites. Un pensamiento a la vez. Nada de tareas múltiples.

Esto significa que nuestras mentes conscientes tienen el estrés constante de cientos de miles de decisiones haciendo fila esperando su turno. ¿Quieres ver nuestra reacción ante esto?

Alguien nos llama para una cita para mostrar su negocio de redes de mercadeo. Esta persona dice: –Sólo requiero 30 minutos de tu tiempo.–

Nuestra mente consciente entra en pánico. "¡¿Qué?! No puedo darte ni 30 segundos. Tengo tantas decisiones que tomar."

Esto explica por qué obtener citas es difícil.

#3. Memoria limitada.

Si alguien lee una lista de palabras al azar, podemos recordar las palabras más recientes. Después, esa persona lee otra lista de palabras al azar. Comenzamos a olvidar la lista original de palabras mientras se agregan más palabras. Las palabras se caen por la parte trasera de nuestra memoria tan rápido como las estamos poniendo dentro.

Hay trucos de memoria que ayudan, pero no queremos perder nuestro día con trucos de memoria para listas inútiles de palabras al azar.

¿Cómo aplica esta falta de memoria a nuestro negocio?

¿Recuerdas esas presentaciones con sobrecarga de información? Las presentaciones donde hablábamos demasiado? ¿Las presentaciones que hacían lagrimar los ojos de nuestros prospectos?

La nueva información en nuestra mente consciente debe de ser pausada. Le toma tiempo a nuestra mente consciente digerir esta nueva información y comprenderla, incluso así, sólo una pequeña parte de toda esta información nueva entrará a la memoria.

La mayoría del tiempo, presentamos demasiada información demasiado rápido en redes de mercadeo. Las mentes conscientes de nuestros prospectos no son capaces de mantener el paso. Mientras descargamos más y más información y beneficios, nuestros prospectos olvidan las cosas buenas que dijimos antes.

#4. No tiene autoridad.

Incluso si nuestra mente consciente piensa que ha tomado una decisión, es anulada por nuestra mente subconsciente. Demos un vistazo a una lenta y bien pensada decisión de nuestra mente consciente.

"Es la víspera de Año Nuevo. Hora de hacer mis propósitos de año nuevo. Comenzando por mañana, iré al gimnasio y haré ejercicio todos los días, mientras como sólo frutas y verduras. Perderé 7 kilos para terminar el mes. Estoy cansado de esta flácida cintura. Cuando la gente del trabajo se burla de mí, me siento mal. Este es mi momento de brillar. ¡Yo puedo hacer esto!"

Sí, nuestra mente consciente ha tomado una gran decisión.

Luego, en la mañana de Año Nuevo, nuestra mente subconsciente se levanta y dice una palabra: "¡Rosquillas!"

Nuestra poderosa mente subconsciente toma a la mente consciente del tamaño de un guisante y la pone en la palma de su mano. ¿La realidad? Nuestra mente consciente sólo tiene esperanzas, deseos, y sugerencias.

Podríamos pensar, "Luce como si la mente consciente estuviese ahí para propósitos de entretenimiento solamente."

Es rudo. Pero cuando hablamos de decisiones, esto puede no estar muy lejos de la verdad.

Está bien, la mente consciente es para pensar y procesar nueva información. Ahora podemos pasar a la otra parte del cerebro, la mente subconsciente.

LA MENTE SUBCONSCIENTE.

Si la mente consciente es del tamaño de un guisante, por comparación, la mente subconsciente sería del tamaño de nuestro planeta. Una exageración, pero entiendes la idea.

Antes de sentirnos intimidados. Aquí está una fácil manera de ver a la mente subconsciente. Considera a la mente subconsciente como una colección de:

- Atajos para cosas que hacemos diariamente.
- Programas automáticos. Por ejemplo, si esto ocurre, entonces automáticamente haces esto.
- Emociones y dramas almacenados de nuestra niñez.
- Prejuicios.
- Recuerdos.
- Todas las decisiones que tomamos, para que cuando una situación familiar aparezca, nosotros ya tengamos una decisión para ella. No tenemos que volver a pensar en ello.

Aquí hay algunos básicos simplificados de la mente subconsciente.

#1. Esta parte de la mente no piensa.

"Pensar" es para la mente consciente. Para la mente subconsciente, imagina una máquina que simplemente procesa programas automáticos.

No habrá pensamiento en esta parte del cerebro. ¿Por qué? Debido que ya tiene a la parte consciente de la mente para hacer todo el pensamiento y aprendizaje. En lugar de eso, la mente subconsciente hace **todo lo demás** por nosotros en la vida.

¿Todo lo demás? Más o menos.

¿Cómo es eso posible?

Pensar requiere de mucho trabajo y tiempo. La parte consciente de nuestra mente maneja eso. Asó que la mente subconsciente no tiene que pensar duro en nada.

¿Pero los programas automáticos? Fácil. Simplemente se ejecutan. No hay pensamientos involucrados.

Es por eso que la mente subconsciente puede realizar múltiples tareas con cientos de miles de programas automáticos. Esta parte de nuestra mente es la verdadera multitareas.

#2. La mente subconsciente tiene millones de programas.

¿Millones? Bueno, muchos. Nadie sabe con seguridad.

¿De dónde obtenemos estos programas automáticos? De:

- Padres. Nos dicen qué hacer y pensar.
- Maestros. Nos dicen qué hacer y pensar.
- Los noticieros. Eligen qué historias vemos, y qué puntos de vista son presentados.
- Amigos. Nos dicen qué pensar para "encajar" en el grupo.

- Malas experiencias personales. ¿Te picó una abeja?
  Ahora tenemos un programa sobre las abejas.
- Buenas experiencias.
- Libros que leímos.
- Programas de televisión que vimos.
- Nacemos con algunos programas instalados: programas
  tales como el miedo a los ruidos fuertes, el miedo a caer.
  Curiosidad y supervivencia. Rápidamente le agregamos
  a estos programas mientras tratamos de aprender cómo
  sobrevivir en nuestro mundo.

Hay más, pero entendemos la idea.

**La mayoría de nuestros programas fueron descargados
dentro de nuestras mentes por otros.**

La mente subconsciente es el almacén gigante que guarda
y ejecuta estos programas.

#3. Si algo ocurre, entonces estos programas dicen, "Has esto."

No hay juicios ni reflexiones involucradas. Nuestra mente
subconsciente sólo ejecuta el programa en curso.

- Si caemos hacia adelante, levantamos nuestras manos
  para proteger nuestro rostro.
- Si respiramos hace cinco segundos ¿Qué tal respirar de
  nuevo ahora?
- Si hay un gran charco de agua en nuestro camino,
  lo rodeamos.
- Pie izquierdo, luego pie derecho.

- Si estamos sentados, constantemente ajustamos los músculos de nuestros costados para no caer de lado.
- Si nos golpeamos el dedo pequeño del pie, ¡gritamos!
- Si terminamos de masticar, tragamos.
- Si alguien grita nuestro nombre, giramos y miramos en esa dirección.
- Si perdemos nuestra billetera o bolso, nos molestamos y estamos tristes.
- Si olvidamos nuestra contraseña, nos sentimos frustrados.
- Si conocemos a alguien que no sonríe, tenemos cuidado.
- Si nuestro estómago gruñe, comemos más bocadillos.
- Si ese conductor se mete frente a mí, evito la colisión y toco la bocina.
- Si tengo comezón, me rasco.
- Si tengo una herida, envío anticuerpos para matar la infección.

Desafortunadamente, la mayoría de nuestros prospectos tendrán estos programas viviendo dentro de sus mentes subconscientes.

- Si lucen como vendedores, no les creas una palabra.
- Si alguien hace muchas preguntas, sospecha.
- Si un vendedor nos pide que estemos de acuerdo, detente. El vendedor usará nuestro acuerdo contra nosotros.
- Si alguien nos pide una cita, esta persona nos tratará de vender algo que no queremos.
- Demora todas las decisiones. No queremos tomar una mala decisión.

#4. Estos programas no cubren todo.

Nuestra mente consciente puede enfocarse solamente en una cosa a la vez. Nuestra mente subconsciente tiene que hacer todo lo demás.

Luego, ¿qué ocurre cuando la mente consciente no tiene un programa para algo?

Hace lo mejor que puede.

Aquí tienes un ejemplo. Regresamos a casa del trabajo, y nuestra mente consciente está pensando en qué mirar por televisión esta noche. Mientras nos acercamos al refrigerador por algo de comida, las llaves del coche siguen en nuestra mano. ¿Qué hará la mente subconsciente? No tiene un programa para "buscar comida con las llaves del coche en la mano."

Hace lo mejor que puede. Dice, "Las llaves del coche van en una superficie plana. Listo."

Por eso no podemos encontrar nuestras llaves a la mañana siguiente. Nuestras llaves están dentro del refrigerador.

O, piensa en nuestros sueños. Nuestra mente subconsciente controla nuestros sueños, y vaya lío que es. Afortunadamente, no tenemos que vivir nuestros sueños.

Nuestra mente subconsciente no es perfecta para manejar todas nuestras tareas del día a día, pero hace un muy buen trabajo. Puesto que estás leyendo este libro, sigues con vida. Tu mente subconsciente está haciendo un buen trabajo hasta el momento.

#5. Piloto automático.

Sí, podemos ir por la vida en piloto automático. Todos los días vamos por el curso de la vida, reaccionando ante lo que nos pasa. Nuestras mentes subconscientes tienen programas que nos dicen qué hacer a continuación en estas situaciones.

¿Piloto automático? Desafortunadamente, así es.

La mayoría de las personas harán hoy las mismas cosas que no funcionaron para ellos ayer. Por ejemplo, tal vez detestan su trabajo. ¿Qué es lo que hacen hoy? En lugar de buscar un nuevo trabajo que les provea felicidad, regresan al trabajo que detestan. Esta rutina sigue y sigue.

Las personas rara vez se detienen a evaluar sus hábitos y patrones. Es más fácil continuar haciendo las mismas cosas una y otra vez. Por eso nos es difícil encontrar prospectos que quieran hacer un cambio. Están atascados en su ciclo, y continuarán en ese ciclo a menos que tengamos las habilidades para ayudarlos a cambiar.

El comportamiento del pasado es el modo más confiable de predecir el comportamiento del futuro. Triste pero cierto.

¿Quieres un ejemplo de este patrón de decisiones automáticas que controla nuestras vidas? Vamos a dar un paseo en nuestro auto.

Conducimos nuestro trayecto usual de 45 minutos al trabajo una mañana. Nuestra mente consciente escucha las deprimentes letras de la música country en la radio. Ocasionalmente nuestra mente mente diverga al show de televisión que vimos anoche. Ahora si nuestra mente consciente está ocupada con música y algunos recuerdos, ¿quién está conduciendo el auto?

¿La respuesta? Nuestras mentes subconscientes.

A través de años de programación, desarrollamos muchos programas automáticos para conducir autos.

"No cruces la línea amarilla. Morir no es conveniente."

"Permanece en tu carril. Podríamos sufrir una pinchadura con los escombros del acotamiento."

"No vayas tan rápido. No queremos una multa por exceso de velocidad."

Estamos conduciendo en piloto automático. Podríamos llegar al estacionamiento del trabajo y no recordar detalles de nuestro recorrido. Nuestra mente subconsciente se encargó de todo.

¿O qué tal esto? Cambiamos de trabajo.

Nos encontramos automáticamente conduciendo en la vieja ruta al trabajo si no prestamos atención. Los programas y hábitos son poderosos.

Vamos por una caminata.

Tenemos nueve meses de edad. Nos ponemos de pie en nuestra cuna, ¿y luego qué? Aseguramos nuestra pierna izquierda en posición. Tenemos a nuestra cuna bien sujeta. Pero queremos caminar.

Nuestra mente subconsciente mira hacia abajo y dice, "¡Mira! Tienes una pierna derecha. Vamos a agitar eso y ver qué ocurre."

Lo hacemos, fallamos, lo hacemos, fallamos, y eventualmente lo hacemos bien. Todas estas repeticiones conscientes forman un programa en nuestra mente subconsciente. Ahora cuando caminamos, no tenemos que pensar en ello. No ves personas caminando por la calle murmurando, "Pie izquierdo, luego pie derecho." Ya es automático.

Piensa en cuántas decisiones toma nuestra mente subconsciente sólo para caminar.

Activar estos músculos 60%. Doblar la rodilla izquierda 34 grados. Activar el músculo de la pantorrilla. Doblar tobillo 45 grados. Mover el peso 62%. Activar los músculos de balance en el muslo izquierdo. Liberar el estímulo eléctrico del músculo de la pantorrilla izquierda. Etc, etc.

Todas estas acciones están controladas por nuestros programas previos que existen en la mente subconsciente.

¡La mente subconsciente es una máquina de tomar decisiones!

De cierta manera, toda nuestra vida ocurre en piloto automático con breves instantes de lucidez.

¡AHORA, NOTICIAS EMOCIONANTES!

Tenemos el control de nuestras experiencias de prospección.

Veamos los hechos.

1. Las mentes subconscientes de nuestros prospectos toman sus decisiones.

2. Las mentes subconscientes de nuestros prospectos no piensan. Solamente reaccionan.

3. ¿Ante qué reaccionan? Nosotros.

4. Entonces, si queremos que nuestros prospectos reaccionen de una cierta manera, todo lo que debemos hacer es cambiar lo que decimos y lo que hacemos.

¡Asombroso!

Esto significa que no somos víctimas desafortunadas del humor de nuestros prospectos. Nuestras aportaciones producen una gigantesca diferencia en el resultado.

¿Las buenas noticias? Cuando cambiamos lo que decimos y hacemos, cambiamos nuestros resultados.

¿Las malas noticias? No sabemos qué decir ni hacer cuando recién comenzamos con nuestro negocio en redes de mercadeo. Pero, podemos aprender. Podemos aprender cómo funcionan las mentes de nuestros prospectos y podemos ajustar nuestro mensaje.

El éxito en la prospección y los cierres puede estar dentro de nuestro control. ¿Todas las ocasiones? No.

Pero la mayoría del tiempo nuestra influencia será suficiente para entregar nuestro mensaje eficientemente.

No sabemos qué le ocurrió a nuestro prospecto una hora antes. Y no sabemos si nuestros productos u oportunidad encajan bien o no. Pero hacemos lo que hacemos mejor, transmitir nuestro mensaje con la mayor oportunidad de éxito.

¿Qué sigue?

Ahora tenemos un entendimiento básico de las mentes de nuestros prospectos.

Los programas de la mente subconsciente controlan a nuestros prospectos.

Estos programas toman decisiones por nuestros prospectos.

Queremos hablarle a estos programas.

La primera parte de nuestro reto ha terminado, aprender cómo nuestros prospectos piensan y toman decisiones.

La segunda parte de nuestro reto es aprender qué podemos decir para obtener una decisión de "sí."

QUE NUESTRO MENSAJE SE ESCUCHE Y SE RECUERDE.

Aquí está donde todo sale mal. Hablamos, nadie escucha.

Tenemos la falsa creencia de que si decimos algo, a las otras personas les importa. ¿La realidad?

No le importamos a la gente, y les importan aún menos nuestras cosas. Cuando presentamos nuestro mensaje, es fácil que nuestros prospectos lo ignoren. Tienen demasiada experiencia ignorándolo casi todo.

Nuestras mentes subconscientes tienen un filtro que previene que información extraña y sin importancia entre a nuestro cerebro. Sí, este filtro nos mantiene afuera también. Debemos trabajar duro para ingresar a la mente de nuestros prospectos.

Si nuestros prospectos no nos prestan atención, no hay oportunidad para que nuestro mensaje sea escuchado.

¿Cómo nos liberamos de este desorden de información ignorada?

Aceptamos que el cerebro selecciona información.

Nuestro cerebros ignoran 99.99% de todo lo que reciben. No hay espacio ni tiempo suficiente para registrar cada detalle, dato e información en la memoria.

¿La solución de nuestros cerebros?

Tienen un programa de entrada que filtra la información innecesaria. ¡Casi todo se queda afuera!

- Detalles.
- Colores.
- Objetos que no se mueven.
- Elementos no esenciales.
- Ruidos.
- Incluso nosotros.

¿¡Nosotros!?

¡Auch! Si no somos interesantes o sobresalientes, nos convertimos en simplemente otra persona más en la multitud.

Imagina esto. Vamos corriendo por una abarrotada calle en Nueva York. Pasamos al lado de 3,000 personas. ¿Qué es lo que recordamos sobre esas 3,000 personas?

Nada.

Asistimos a una conferencia de tres horas. ¿Qué tanto recordamos inmediatamente después de que terminó? ¡Tal vez sólo dos o tres minutos de información nueva! 98% de la conferencia ya se ha esfumado.

El psicólogo Hermann Ebbinghaus documentó este hecho hace más de 100 años. Lo llamó la "curva del olvido." Es una gráfica de una curva que muestra que olvidamos:

- 50% después de una hora.
- 70% después de un día.
- 90% después de una semana.

Esto es una aproximación, ¿pero hoy? Tenemos el Internet, publicidad infinita, mensajes, notificaciones, y demás. Con nuestra sobrecarga de información, Ebbinghaus sería optimista con estos números. Vamos a ponerlo a prueba.

Da una presentación de una hora. Luego, una hora después, pídele al prospecto que te diga todo lo que recuerda. Después de uno o dos minutos de repetir lo que recuerda... silencio.

Parece que el 98% no es escuchado o se olvida en cuestión de una hora.

Significa que en una presentación de una hora, nuestros prospectos no recuerdan esas 64 fabulosas diapositivas de PowerPoint. Si tenemos suerte, nuestros prospectos recuerdan una o dos diapositivas. Seguro, desearíamos que esto no fuese verdad, pero esta es la realidad.

Así que, nuestros prospectos recuerdan unas pocas diapositivas y unos pocos minutos de lo que dijimos. ¿No deberíamos asegurarnos de que tenemos un mensaje claro en esas diapositivas o en esos breves minutos?

¿Te sientes deprimido? Esto es normal.

Nuestros muy normales cerebros olvidarán cosas. ¿Por qué tenemos que recordar a través de cuál puerta ingresamos al centro comercial el jueves pasado? ¿Por qué tenemos que recordar dónde dejamos estacionado nuestro coche hace tres meses?

Pero, ¿qué tal si queremos que nuestros prospectos presten atención, escuchen, reflexionen, y recuerden lo que decimos?

Necesitaremos estrategias que trabajen en conjunto con las mentes de nuestros prospectos.

Aquí está lo que nuestras compañías pueden no habernos dicho.

Debemos de hacer más que mostrarle a los prospectos una presentación de PowerPoint o un video corporativo.

La compañía no nos necesita para hacer esto. Podrían simplemente publicarlo todo en Internet.

En lugar de eso, la compañía quiere que usemos nuestro activo más importante. ¿Cuál es ese activo?

Nuestra habilidad de hacer que los prospectos nos escuchen y crean en nosotros. Eso es algo que las compañías no pueden hacer.

No queremos ser un loro parlanchín. Debemos usar nuestras mejores habilidades para entregar nuestro mensaje. Si fallamos, nuestro mensaje se pierde entre el océano de chácharas que los prospectos escuchan diariamente.

La ciencia del cerebro nos da estrategias efectivas para atravesar los programas negativos, las alarmas contra vendedores, los filtros demasiado-bueno-para-ser-verdad y la negatividad de nuestros prospectos.

Vamos a aprender algunas estrategias para que nuestro mensaje sea escuchado y comprendido.

ESTRATEGIA #1:
¡NO SE PERMITEN LOS VERTEDEROS!

Desear que los prospectos escuchen nuestro mensaje es inútil. Nos convertimos en parte del manchón de información borrosa que cruza sus cerebros todos los días.

En lugar de usar su cerebro como un vertedero para toda nuestra información, necesitamos entregar pequeños bytes de información. Luego, pausa para permitir que la mente consciente procese el significado. Demasiada información a la vez termina por volverse abrumadora.

No sólo las mentes de los prospectos tienen que almacenar lo que decimos, tienen que buscarle un significado. "¿Por qué es importante para mí ésta información? ¿Debería de prestarle atención? ¿Quiero recordarla? ¿El presentador tiene intenciones ocultas?"

Nuestras mentes quieren primero el **significado** y después los **detalles**. Si damos primero los detalles, todas estas preguntas se entrometen en nuestro camino. Así que debemos de ir despacio. Un monólogo de información de diez minutos o una hora será feo. Nuestros prospectos olvidarán nuestra información tan rápido como la entreguemos.

¿Qué podemos hacer para que nuestro mensaje sea escuchado?

Comenzar con el significado del mensaje. ¿Por qué nuestro mensaje es importante? Los detalles podrán venir después.

Los seres humanos toman decisiones instantáneas. Si la decisión es un "sí," entonces sus cerebros le dan la bienvenida a los detalles. Pero primero dales un segundo o dos para tomar sus decisiones. Aquí hay un ejemplo.

Nosotros: –¿Tienes hambre?–

Prospecto: –Si.–

Ahora podemos darles los detalles del restaurante que les recomendamos para comer.

En nuestro negocio, cuando rompemos el hielo le damos a los prospectos una oportunidad de decidir si están interesados o no. Luego, si la respuesta es un "sí," les entregamos los detalles. Un ejemplo:

> **Nosotros:** "¿Alguna vez quisiste ser tu propio jefe?" (Rompe el hielo. Nuestro prospecto busca en su mente subconsciente decisiones tomadas previamente sobre su jefe. Encuentra una. Tomó un milisegundo.)

> **Prospecto:** "¡Sí! Mi jefe es un idiota que no me da un aumento y odio pasar dos horas en el tráfico para ir a trabajar. (Decisión.)

> **Nosotros:** "¿Estaría bien si tomamos un café con Joe, para que puedas ver cómo él comenzó a trabajar desde su casa?" (Detalles.)

¿Notas cómo estamos pausando la información? Una breve apertura. El prospecto tiene oportunidad de digerir nuestra información. Y luego continuamos.

Esto es ultra-breve, pero los monólogos hasta hacer vertedero de información no funcionan.

Planea algunas pausas en la presentación. Toma un respiro profundo. Realiza una demostración o muestra para romper una intensa descarga de datos.

¿El resultado?

Si nuestros prospectos tienen un poco más de tiempo para digerir lo que decimos, recordarán más.

Necesitamos ser amables con nuestros prospectos. Démosles primero el significado de nuestro mensaje antes de dar los detalles. Esto relaja sus mentes y pueden escuchar nuestro mensaje cómodamente.

ESTRATEGIA #2:
PREGUNTAS.

Las preguntas obligan a nuestros prospectos a pensar en una respuesta.

Esto significa que nuestro mensaje permanece más tiempo en sus cerebros y también recibe atención. Considera esta breve conversación:

Nosotros: "Necesitamos Vitamina D. Pero de los dos tipos diferentes de Vitamina D, ¿cuál es más efectivo?"

Prospecto: "Nunca lo había pensado. Tampoco sabía que hay dos tipos de Vitamina D. ¿Cuál es la mejor?"

Nuestros prospectos ahora piensan que esto es importante y que deberían de recordar esto.

Esto es mejor que una descarga de datos diciendo, "Nuestra Vitamina D3 es mejor para ti que la Vitamina D2."

Otro escenario:

Podríamos decir, "Nuestro multivitamínico tiene mucha Vitamina K."

Esto termina como ruido adicional. Será ignorado. ¿Pero qué tal si decimos esto?

"Necesitamos Vitamina K para estar sanos. Pero deja que te muestre una foto de dos aguacates. ¿Puedes decir cuál contiene más Vitamina K?"

Por supuesto que nuestros prospectos no pueden. Esto crea duda. Si nuestros prospectos quieren estar sanos, nuestro multivitamínico con Vitamina K parece ser la única solución. La decisión y venta será fácil.

E incluso si no hacemos la venta de inmediato, nuestros prospectos pensarán en la Vitamina K siempre que vean un aguacate. Nuestro mensaje permanece más tiempo en sus mentes.

Sacamos ventaja de la exposición repetida y un efecto de tiempo retardado para implantar nuestro mensaje en el cerebro de nuestros prospectos.

Nuestros prospectos piensan qué es lo que significa para ellos. Internamente responden estas preguntas. Este enganche adicional le ayuda a nuestro mensaje a ingresar a su consciencia y posiblemente incluso a su memoria.

¿Qué tal algunos ejemplos?

Nosotros: "¿Sabes cuánto estás pagando de más en tu recibo eléctrico?"

Prospecto: "No. Nunca lo reviso. Pero suena como que me están cobrando de más, ¿eh?"

Frenamos el pensamiento de nuestro prospecto. Antes, nuestro prospecto no quería pensar en eso. Ahora quiere saber. Mientras investigamos los cargos adicionales, extendemos su interés. Más tiempo significa una mejor oportunidad de que nuestro prospecto recuerde esto.

¿Listo para más preguntas geniales que hacen que los prospectos piensen en nuestro mensaje?

Nosotros: "Aquí hay dos tazas de té. Una es de té verde. La otra es té matcha. ¿Puedes decirme cuál de las dos tiene 300% más antioxidantes? ¿Cuál taza tiene el doble de cafeína?"

Prospectos: "Ehh, no. No lo sé."

Ahora nuestro prospecto está pensando sobre nuestros beneficios. En lugar de mencionar nuestros maravillosos beneficios, nuestro prospecto está preguntándose a sí mismo cuál té es mejor para él.

¿Más?

Nosotros: "Tal vez encuentres interesante esto. Si nuestro empleo actual se acaba, y no llegan más cheques, ¿cuántos días pasarán antes de que entres en problemas?"

Prospecto: "No lo sé. Nunca lo había pensado."

Nosotros: "Adivina. Veamos si es más o menos que el promedio nacional.

Ahora nuestro prospecto tiene que pensar aún más.

Nosotros: "Dicen que necesitamos $1.5 millones cuando nos jubilemos. Si comienzas hoy, a tu edad, ¿cuánto dinero tienes que meter a tu cuenta de ahorros cada mes para llegar ahí?"

Prospecto: "No lo sé."

Nosotros: "Adivina. Veremos si puedes adivinar dentro de un rango de $200."

Entre más podamos mantener enganchado al prospecto con este pensamiento, mejor.

Si podemos, evitemos preguntas que tienen respuestas de una palabra. Queremos alargar nuestro tiempo dentro de la cabeza de nuestros prospectos. Así que en lugar de pedirles una opción en la respuesta, podemos pedirles dos opciones. Aquí hay un ejemplo.

Nosotros: "Si no tuvieses que conducir una hora de regreso a casa todos los días, menciona dos cosas que harías."

Prospecto: "Déjame pensar. Podría asistir a los juegos de mi hijo y algunos días tener tiempo para 9 hoyos de golf antes de que se meta el sol."

***

Nosotros: "Si tuvieras la oportunidad de trabajar desde tu casa en lugar de conducir al trabajo, ¿cuáles serían las primeras dos cosas que harías con tu familia?"

Prospecto: "Bien, podríamos pasar más fines de semana acampando. Podríamos salir después de la escuela el viernes en la tarde. ¿Y segundo? Podríamos desayunar y cenar juntos en familia."

***

Nosotros: "Si tu factura eléctrica el próximo mes es $30 menos, ¿le seguirías enviando los $30 extras a tu compañía por que te sientes culpable? ¿Qué harías con esos $30? ¿Algunas ideas?"

Prospecto: "Por supuesto que no les enviaría el dinero extra. Lo gastaría en mi hija. Esos $30 los pondría en su fondo. Me amaría por eso."

Dejemos que nuestros prospectos se vendan a ellos mismos.

¿Cómo? Con peguntas, por supuesto. Pregúntales por qué considerarían lo que estamos a punto de ofrecer.

Para que nuestros prospectos puedan responder, deben de estar convencidos por ellos mismos de los beneficios. Para comprender esto, demos un vistazo a algunos ejemplos.

Nosotros: "¿Por qué quieres un segundo ingreso para tu familia?"

Prospecto: "Para el momento en que pagamos la hipoteca, los pagos de los dos coches, colegiaturas, y los gastos del mes, nos quedamos en negativo. Esto nos pone más lejos dentro de las deudas. Sabemos que unos pocos cientos de dólares extras cada mes solucionarían esto."

Al responder a esta pregunta, nuestros prospectos "se venden a ellos mismos" mientras escuchamos. Ahora cuando presentamos nuestra solución, será fácil.

¿Qué hay de esto?

Nosotros: "¿Por qué quieres unas mejores vacaciones?"

Prospecto: "Para nuestras vacaciones pasadas, reservamos los alojamientos más baratos que pudimos encontrar. Fue una pesadilla. Nos arruinó el viaje. Queríamos ahorrar dinero, pero es difícil encontrar un buen valor cuando estamos apretados de presupuesto."

Presentar nuestro paquete de viajes de alto valor con un descuento es fácil ahora.

La pregunta es simple. Pide que los prospectos te digan por qué querrían unirse o comprar lo que ofrecemos. Pídeles que se convenzan a ellos mismos antes de comenzar.

"¿Cuáles son tus dos problemas _____ más grandes?"

¿Por qué esta pregunta es tan poderosa? Vamos a considerar un ejemplo fácil de productos de nutrición.

Las personas más viejas compran productos nutricionales. Las personas jóvenes se sienten muy bien.

Ve a una fiesta donde hay gente mayor. En la conversación, haz esta pregunta:

"¿Cuáles son tus dos problemas de salud más grandes?"

Los prospectos sonríen. Tienen un público. Las demás personas que conocen detestan escucharlos quejarse sobre sus achaques y dolencias.

Nos aman. Piensan que somos la mejor persona del mundo por que los escuchamos.

Y luego cuando los prospectos finalmente toman un respiro de sus quejas de salud, les preguntas, "¿Quieres hacer algo al respecto?" O, "¿Alguna vez has considerado hacer algo al respecto?"

Es fácil vender productos de nutrición a alguien que se queja de su salud.

Esta es una técnica tipo "licencia para imprimir dinero."

Algunos ejemplos rápidos de esta pregunta:

"¿Cuáles son tus dos problemas más grandes mientras viajas?"

"¿Cuáles son tus dos problemas más grandes cuando tienes que desplazarte todos los días a trabajar?"

"¿Cuáles son tus dos problemas más grandes cuando tratas de seguir una dieta?"

"¿Cuáles son tus dos problemas más grandes cuando tratas de encontrar los productos para el cutis correcto?"

"¿Cuáles son tus dos más grandes problemas cuando tratas de ahorrar para el retiro?"

Luego da un paso atrás. Escucha. Y deja que nuestros prospectos nos digan exactamente qué quieren que solucionemos.

ESTRATEGIA #3:
¿QUÉ ES MEJOR QUE LAS PREGUNTAS?

Hablamos con nuestros prospectos sobre cosas que les interesan a ellos. Sí, todo se trata acerca de ellos, no acerca de nosotros.

¿Cómo hacemos que los prospectos nos hablen? Las preguntas funcionan de manera genial, pero como veremos, las afirmaciones indirectas funcionan aún mejor.

Piensa sobre los programas negativos dentro de la mente de nuestros prospectos. Cuando éramos niños, ¿qué ocurría cuando hacíamos algo mal? Nuestros padres nos interrogaban. Nuestros padres preguntaban, "¿Por qué hiciste eso? ¿En qué estabas pensando?"

¿Nuestra reacción ante este interrogatorio? Miedo. No le revelábamos nuestros verdaderos sentimientos o motivaciones a nuestros padres. Creamos un programa de "Evita los interrogatorios."

A menudo hacemos preguntas para comprender las motivaciones de nuestros prospectos. Desafortunadamente, nuestros prospectos no escuchan estas preguntas como preguntas que buscan encontrar su motivación. En lugar de eso, nuestros prospectos activan sus viejos programas. Ellos piensan, "No digas lo que de verdad estás pensando. Ten cuidado. No te expongas demasiado. Podría ser la respuesta equivocada. Con cuidado, por que un vendedor podría usar esto en mi contra."

Queremos ayudar. Nuestros prospectos temen nuestras preguntas.

Así que en lugar de hacer preguntas, vamos a probar con esto.

Afirmaciones indirectas.

Aquí está un ejemplo de una pregunta directa. "¿Cuánto dinero quieres ganar con nuestro negocio?"

Nuestro prospecto se siente interrogado y se retrae emocionalmente.

Un mejor acercamiento sería usar una afirmación indirecta.

Podríamos decir, "Yo no sé cuánto dinero te gustaría hacer con nuestro negocio."

Esta frase se siente segura para nuestro prospecto. Su mente subconsciente interpreta nuestra frase como, "¿Cuánto dinero quieres ganar con nuestro negocio?"

Ahora pueden voluntariamente darnos esa información sin más preguntas de nuestra parte. En muchos casos, nuestros prospectos nos regalarán incluso más información de la que pedimos.

Las afirmaciones indirectas se sienten seguras y amables. Vamos a probar otro ejemplo.

Nosotros: "No sé cuánto peso te gustaría perder con nuestro producto."

Nuestro prospecto escucha e interpreta esto como, "¿Cuánto peso te gustaría perder con nuestro producto?"

Aquí hay un beneficio extra. Cuando nuestros prospectos responden, solo pueden darle sentido a nuestra afirmación al visualizarse a ellos mismos usando nuestro producto. Esto le ayuda a nuestros prospectos a tomar una decisión de usar nuestro producto. Ya se han visto a ellos mismos usando nuestro producto dentro de su cerebro. Nuestro producto se convierte en algo más familiar.

Esto suena divertido. No hay posibilidad de objeciones o rechazos.

Vamos a hacer algunos ejemplos para calentar nuestra imaginación.

"No sé qué tan joven quieres que luzca tu cutis al usar nuestra crema hidratante especial."

"No sé qué tanto quieras ayudar al medio ambiente al usar limpiadores naturales."

"No sé cuánto quieres ahorrar en tu factura de telefonía móvil, pero estoy seguro de que puedes pensar en cosas divertidas para hacer con los ahorros."

"No sé cuánto quieras ahorrar en tu factura eléctrica, pero estoy seguro de que quieres librarte de los cargos extras ahora."

"No sé qué tanto valoras los recuerdos de tus vacaciones familiares, pero este plan seguramente mejorará tus experiencias."

"No sé qué tan feliz estarías si tuvieses más dinero para gastarlo en lo que quieres."

"No sé qué tan importante es para ti que tus hijos vivan una semana de vacaciones en Disney."

"No sé qué tan bien estaría tu familia si pudieras pasar más tiempo con ellos."

"No sé qué tan importante sea tu salud para ti."

"No sé qué harías si pudieras librarte del reloj despertador."

"No sé qué podría significar para ti el perder 25 kilos."

"No sé cómo te sentirás yendo a la reunión de ex-alumnos luciendo joven y vibrante, no como los demás."

"No sé qué harías con libertad de tiempo, sin tener que ir a la oficina nunca más."

"No sé cuándo sería un buen momento para que comiences a recibir un segundo cheque cada mes."

"No sé qué tanto odias dejar a tu familia por ir a trabajar, pero si sé que quieres más tiempo para estar con tus hijos."

"No sé si te están pagando de más en el trabajo o no, pero si sé que nuestro negocio puede agregar mucho dinero extra cada mes."

"No sé si quieras ser tu propio jefe o no, pero si sé que la mayoría de las personas querría más control sobre las horas que trabaja."

"No sé cómo te sientes acerca de los coches y las mensualidades, pero quienes califican para nuestro bono de auto nunca más tienen que hacer pagos de mensualidad."

No hay presión. Nuestros prospectos nos ofrecen las respuestas, incluso cuando no les hicimos ninguna pregunta.

¿Esto servirá para la mayoría de los productos y servicios? ¡Sí!

Un empresario que vende sus servicios para ayudar a que los dueños de vivienda consigan mejores tarifas de seguro pregunta, "¿Esto sirve para mi negocio?" Por supuesto. Aquí hay algunos ejemplos que creamos.

"No sé cómo te sientes al enfrentarte a tu compañía de seguros por tu cuenta, en lugar de dejar que te ayude…"

"No sé qué tanta confianza tienes cuando haces un reclamo con tu compañía de seguros si dejar que te ayude…"

"No sé cómo te sentirías al respecto si te ayudo a hacer los reclamos con tu compañía de seguros…"

"No sé qué desenlace esperarías si me dejas ayudarte a preparar y presentar tu reclamo con tu compañía de seguros…"

¿Qué otras palabras podríamos comenzar diciendo para entregar nuestros mensajes de manera indirecta?

"Yo pienso que tú ya sabes."

Cuando decimos, "Yo pienso que tú ya sabes," incluso si nuestros prospectos no saben, ahora lo sabrán. Escuchan nuestro mensaje. Esta es una buena manera de transferir algunos de nuestros mejores mensajes de venta dentro de la cabeza escéptica de los prospectos. Aquí hay algunos ejemplos.

"Yo pienso que tú ya sabes que tenemos las tarifas más bajas."

"Yo pienso que tú ya sabes que el año pasado ganamos el primer lugar por el mejor valor por nuestros viajes."

"Yo pienso que tú ya sabes que tu identidad ya fue robada, y los criminales están buscando el mejor momento para venderla."

"Yo pienso que tú ya sabes que nuestros cuerpos necesitan de antioxidantes para frenar el proceso de envejecimiento."

"Yo pienso que tú ya sabes que el mejor modo de combatir las arrugas es desde el interior."

"Yo pienso que tú ya sabes que las compañías ponen primero las ganancias. Tienen que responderle a los accionistas."

"Yo pienso que tú ya sabes que el tiempo en desplazamientos se pierde para siempre. Nunca podremos recuperar esas horas."

"Yo pienso que tú ya sabes que las personas inteligentes no ponen todo su ingreso en una sola canasta."

"Yo pienso que tú ya sabes cuánto tiempo te roba el trabajo cada semana."

"Yo pienso que tú ya sabes que si tratamos y trabajamos horas extras, sólo nuestro jefe recibe una casa enorme para su jubilación."

"Yo pienso que tú ya sabes que nuestras pensiones no serán suficientes para que podamos hacer lo que queramos."

"Yo pienso que tú ya sabes que no queremos trabajar en una corporación por 45 años como nuestros padres."

"Yo pienso que tú ya sabes que las investigaciones demuestran que las dietas no sirven."

"Yo pienso que tú ya sabes que los precios suben más rápido que nuestros salarios."

"Yo pienso que tú ya sabes que nada cambiará en nuestras vidas si no cambiamos lo que hacemos."

"Yo pienso que tú ya sabes que las personas de mente cerrada nunca alcanzan el éxito que quieren."

"Yo pienso que tú ya sabes que vivir de quincena en quincena se siente como una trampa sin salida."

"Yo pienso que tú ya sabes que tener más dinero nos da más opciones."

Incluso los prospectos más escépticos escucharán estas afirmaciones indirectas. Es una manera genial de entregar nuestro mensaje sin poner nerviosos a nuestros prospectos.

¿Y qué hay de nuestro amigo que vende sus servicios para ayudar a los dueños de vivienda a obtener beneficios con sus compañías aseguradoras?

"Yo pienso que tú ya sabes que las personas que usan nuestra compañía para hacer sus reclamos reciben más dinero."

"Yo pienso que tú ya sabes que las personas que nos permiten ayudarles con su reclamo del seguro tienen menos estrés."

"Yo pienso que tú ya sabes que las personas odian tratar con las compañías de seguros y prefieren que nosotros les ayudemos."

ESTRATEGIA #4:
LA CIENCIA DE LO BREVE.

Aquí hay otra manera de ver nuestros cerebros.

Imagina que nuestro cerebro es una gran batería.

Si nuestra batería se agota, no podemos funcionar. Eso significa que nos convertimos en alimento para leones en la sabana. Así que nuestro cerebro cuida nuestras reservas de energía como parte de nuestro programa de supervivencia.

¿Cuánta energía usa nuestro cerebro? Algunos científicos estiman que nuestros cerebros usan hasta el 20% de nuestras energías. ¡Eso es demasiado! Así que si sólo nos sentamos a pensar, la buena noticia es que más o menos estamos haciendo ejercicio.

Piensa en aquella vez en la escuela cuando estudiamos duro por tres horas. ¿Cómo nos sentimos después de tres horas de hacer pensar a nuestra mente consciente, aprendiendo cosas nuevas y tratando de memorizarlas? Nos sentíamos exhaustos. Nuestras mentes conscientes usan demasiada energía.

Nuestras mentes subconscientes usan menos energía. Todas las decisiones de nuestra mente subconsciente ya están predefinidas. No tenemos que pensar en ellas nunca más. Nuestras mentes subconscientes tienen un trabajo más fácil. Sólo activan los programas que son necesarios. Nada de pensarlo duro.

Esto significa que si nos dan una elección, preferiríamos usar nuestros programas y decisiones predefinidas de nuestra mente subconsciente. Esto es más fácil y más eficiente para conservar energía que pensar de nuevo cada vez con nuestras mentes conscientes. Es conveniente y nos ahorra tiempo.

Vamos al supermercado. Tenemos nuestro carrito y estamos por ingresar al pasillo 4. mientras caminamos por el pasillo, vemos cientos de productos diferentes. Afortunadamente nuestra mente subconsciente tiene decisiones almacenadas sobre todos estos productos. Rápidamente pasamos a través del pasillo diciendo, "No, no, no, no. ¡Sí! Llevamos esas rosquillas. No, no, no. Esa botella de vino tiene buen precio. Sí, llevaré dos. No, no, no, no…"

Nos moriríamos de hambre antes de llegar al final del pasillo 4.

Aquí tienes otro ejemplo. Alguien nos ofrece helado. Nuestra mente consciente podría trabajar duro y pensar, "Déjame calcular cuánta grasa saturada tiene ese helado. Debería de investigar su índice glucémico. Si no como mucho, la carga glucémica será menor. ¿Esa azúcar afectará mi A1c? ¿Luciré grosero si rechazo ese helado?"

Esto es mucho trabajo para nuestra mente consciente, y podríamos quemar mucha energía valiosa.

Gracias al cielo que tenemos decisiones predefinidas sobre el helado.

"¿Helado? ¡Dámelo!"

Como podemos ver, nuestro programa de supervivencia trata de ahorrar energía al usar las decisiones que están guardadas en nuestras mentes subconscientes. La supervivencia es la primera regla. Si no podemos sobrevivir, bueno, no importan muchas cosas.

¿Comienzas a sentir lo inevitable? El cerebro quiere tomar decisiones rápidas y predefinidas cada vez que sea posible.

¿Cómo nos afecta eso?

Algunas veces el cerebro toma decisiones basadas en la conservación de la energía, y no sobre lo que es bueno o malo. Esto explica algunas de nuestras malas decisiones. Tomamos la decisión más fácil y rápida que nuestro cerebro presentó.

Esto significa que nuestro cerebro debe de tomar una rápida decisión:

#1. "¿Toma la decisión basado en si esta acción es buena o mala? Esto tomará mucho tiempo de batería para mi mente consciente."

#2. "En lugar de eso, puedo elegir un programa predefinido de la mente subconsciente? Esa es una decisión instantánea y ahorraríamos tiempo de batería precioso."

Desafortunadamente, la respuesta es obvia. Nuestro cerebro prefiere la decisión predefinida de la mente subconsciente cada vez que puede usarla.

Es por eso que la fuerza de voluntad es tan débil. Las decisiones de la mente consciente usan demasiada energía y tiempo, y no queremos drenar nuestras baterías. ¿Un ejemplo?

El haz de luz gigante.

Un haz de luz gigante de repente nos ciega. ¡Oh rayos! ¿Qué podría ser esto? Nuestra mente subconsciente rápidamente revisa las posibilidades. No estamos sobre las vías del tren, así que no puede ser una locomotora a punto de aplastarnos. No hemos escuchado ninguna explosión. Las linternas de mano no brillan con tanta intensidad.

Nuestras mentes subconscientes dicen, "No tengo nada."

Ahora depende de nuestra mente consciente entender esto. No tenemos programas automáticos que lo expliquen fácilmente. Nuestras mentes subconscientes comienzan a quemar energía mientras piensan, "Bueno, sigo con vida. Wow, esa luz es muy brillante. No veo ni una sombra. No puedo correr. No puedo ver a dónde voy. Pero, si permanezco aquí, será peligroso. Más vale salir de aquí a tientas."

Nuestra mente consciente trabaja horas extras. Quema energía. Si sobrevivimos a esto, estaremos exhaustos de tanto pensamiento. Pensar es un trabajo duro.

Aquí está donde todo podría salir muy mal para nosotros.

Llevamos 15 minutos de nuestra presentación de una hora. Nuestro prospecto piensa,

"¿Debería de comenzar mi propio negocio? Vaya. Hay mucho por considerar aquí. ¿Qué pensará mi vecino? ¿Tendré éxito? ¿Qué tan grande es el mercado para estos productos y servicios? ¿Tengo la habilidad? No estoy seguro de que entiendo el plan de pagos. Veo una tabla con muchos números. ¿Esto afectará mi relación con mi familia? ¿Qué pasa si no me sale bien y fracaso? ¡Oh, cielos! Hay tanto por pensar, tantas opciones. Déjame revisar en mi mente subconsciente para ver si tengo decisiones predefinidas sobre comenzar mi propio negocio. Eso me ahorraría mucha energía y pensamiento. ¡Hey, mira! Tengo un programa medio cerrado. Comencé mi propio negocio con un puesto de limonada cuando tenía seis años. Fracasé. Me sentí humillado. No me gusta el riesgo del fracaso. No quiero hacer negocios. Usaré esa decisión previa, para no tener que hacer todo ese pensamiento. Voy a apagar mi mente y revisaré mis mensajes mientras terminan de hablar sobre este negocio."

En este ejemplo, ¿nuestras mentes tomaron una decisión basadas en lo que es bueno o malo para nosotros? ¿Nuestras mentes tomaron una decisión basadas en conservar energía?

Sí. Algunas veces, a nuestras mentes no les importa si algo es bueno o malo. Sólo quieren conservar energía.

Este es el peligro de hablar demasiado. Queremos mantener nuestro mensaje breve para que nuestro prospecto no apague sus pensamientos y tome decisiones programadas.

Aquí tienes otro ejemplo.

Un vendedor viene a tu casa y comienza una larga y aburrida presentación. Demasiados datos. Demasiadas pruebas. Videos, diapositivas en PowerPoint, una sobrecarga de información. Nuestros cerebros dicen, "Esto va a tomar demasiado poder de procesamiento. ¿Tenemos una decisión más fácil que podamos tomar? ¡Oh, mira! Aquí hay una decisión fácil en la que no tenemos que pensar. No nos gustan los vendedores. Vamos a usar esa decisión para no tener que pensar sobre todo esto. Escuchar más y pensar en esto gastará mucha energía."

El vendedor piensa que toda la decisión se trata de él y su ofrecimiento. ¡No!

La decisión se trata de ahorrar baterías.

¡Auch!

Pensamos, "¡Pero esa decisión ni siquiera tuvo algo que ver con la presentación del vendedor!"

Es cierto. Pero ahorrar tiempo valioso de energía cerebral tiene una prioridad más alta que un vendedor excesivamente hablador.

A menos que comprendamos cómo funciona el cerebro, no tendremos ni idea de qué fue lo que ocurrió. Viviremos en el engaño de que la decisión se trató de nosotros y nuestro ofrecimiento.

Y es precisamente por esto que muchos distribuidores regresan a casa y le dicen a su pareja, "No sé por qué no ingresó."

Experimentamos los programas de ahorro de energía cuando hacemos ejercicio. Muchos corredores y maraton istas hablan de "entrar en la zona." No tienen que pensar en nada. Todo es automático. Esto ahorra energía que pueden usar para trotar o correr más tiempo.

Esta es una razón por la que tenemos hábitos.

Los hábitos son decisiones automáticas. Nuestros hábitos son fáciles de hacer. No hace falta pensar en ellos. Usamos las mismas conexiones neuronales una y otra vez. Nuestros hábitos se convierten en nuestros comportamientos naturales.

¿Cambiar hábitos? Oh, vaya, eso tomará mucha energía consciente del cerebro. El cambio es difícil. No necesitamos ejemplos para saber qué tan difícil es cambiar nuestros hábitos. Experimentamos esto cada día.

¿En resumen? Queremos que sea más **difícil** para nuestros prospectos conservar sus problemas que tomar nuestras soluciones. Los prospectos prefieren el camino de menor resistencia.

Unos pocos ejemplos de cómo lo podemos hacer difícil para que nuestros prospectos permanezcan con sus problemas? Podemos usar esta simple frase de siete palabras, "¿Y qué sería más fácil para ti?"

Nosotros: "¿Y qué sería más fácil para ti? Continuar desplazándote al trabajo todos los días en el tráfico que tanto odias y trabajar en un empleo para el que no tienes pasión, ¿o comenzar tu propio negocio de tiempo parcial esta misma tarde, para que el año siguiente puedas trabajar desde tu casa y ser tu propio jefe?"

Nosotros: "¿Y qué sería más fácil para ti? Continuar haciendo ejercicio, comiendo cosas chistosas, muriendo de hambre y viendo cómo la grasa siempre regresa, ¿o perder peso de una vez y mantenerte así para siempre con nuestro producto?"

Nosotros: "¿Y qué sería más fácil para ti? Arreglar tus problemas financieros con la esperanza de recibir un aumento del 50% este año, ¿o comenzar tu propio negocio hoy, para que puedas ganar el dinero que te mereces?"

Nosotros: "¿Y qué sería más fácil para ti? Continuar pagando en exceso por tu servicio eléctrico cada mes, ¿o pasar cinco minutos conmigo en Internet para bajar tu tarifa?"

Es por esto que lo breve supera a lo largo cuando nos comunicamos con nuestros prospectos.

Deja fuera los detalles. Nuestros prospectos no quieren escuchar los detalles. Si escucharan todos los detalles en el Internet, perderían una vida entera. ¿Cómo deciden qué detalles sí escuchar?

Tomando primero una decisión.

Los seres humanos prefieren tomar decisiones primero. Si la decisión es "sí" a nuestro mensaje, entonces y sólo entonces, sus mentes le dan la bienvenida a los detalles. Dar primero los detalles le produce estrés a las mentes de nuestros prospectos.

Piensa en cómo elegimos cuáles artículos leer en el diario. Tomamos la decisión, basados en el encabezado, si queremos leer el artículo o no. Una vez que tomamos la decisión de leer el artículo, damos el clavado y disfrutamos de los detalles.

¡Son noticias geniales para nosotros! No tenemos que preocuparnos de los detalles ahora. Todo lo que debemos de hacer es obtener rápidamente un "sí" o un "no."

Las grandes compañías con departamentos de marketing enormes nos demuestran que lo breve funciona. Estas compañías trabajan duro para recortar sus mensajes de mercadeo. Mira si tu mente recuerda alguno de estos mensajes de marketing.

Nike: "Hazlo."

Coca-Cola: "El lado Coca-Cola de la vida."

M&M's: "Se derrite en tu boca, no en tu mano."

BMW: "El placer de conducir."

Burger King: "Así lo quiero."

Marlboro: "Bienvenido al mundo Marlboro."

KFC: "Para chuparse los dedos."

Energizer: "Energía que sigue, sigue y sigue."

No hay mucho detalle, ¿verdad?

No tenemos la ventaja de enormes presupuestos de marketing como las grandes corporaciones. Y, no tenemos años de repetición de nuestro mensaje en los que podamos respaldarnos. Eso significa que necesitaremos más que sólo unas pocas palabras.

Vamos a dar un vistazo a lo que podemos hacer con tres o cuatro mensajes breves. Estos mensajes se podrían decir en unos pocos segundos. Luego, nuestros prospectos pueden tomar una rápida decisión de "sí" o "no."

La dieta de $21.

Nunca más hagas dietas.

Fuerza de voluntad en una píldora.

Nuestros prospectos pueden tomar una decisión ahora, y recibir más detalles después. Si quieren perder peso basados en este mensaje, le darán la bienvenida a más detalles. Su decisión ocurrió así de rápido.

¿Podemos hacer nuestros mensajes y marketing tan breves y claros como estos? Sí. Y nuestros prospectos nos amarán cuando vayamos al punto inmediatamente.

¿Cuándo podríamos usar estos mensajes de marketing?

- Cuando tenemos un puesto en la feria o expo. Sólo tenemos pocos segundos para hablar con los visitantes.
- Cuando tratamos de conseguir una cita y la personas preguntan, "¿De qué se trata?" Quieren respuestas reales, no generalidades vagas.
- Si alguien nos pregunta en un evento de referidos, "¿Qué es lo que vendes?" Si transmitimos bien nuestro mensaje, los prospectos lo recordarán.
- Al reverso de nuestra tarjeta de presentación. Este es un espacio gratuito para publicidad.
- Para explicarle a alguien lo que hacemos. Los prospectos están felices de que terminamos en unos pocos segundos.
- Para calificar rápidamente a los prospectos antes de que invirtamos tiempo en los detalles. Si responden con, "Dime más," no se puede poner más fácil que eso.

Crear un mensaje breve de marketing es una de las mejores inversiones en nuestro negocio. Vamos a ver algunos mensajes de marketing de muestra para ayudar con nuestra creatividad.

Para servicios legales:

Tu propio abogado guardián.

$35 al mes, 24 horas al día.

Que nunca te estafen de nuevo.

Vitaminas personalizadas:

Vitaminas personalizadas para tu organismo.

Nunca más tires dinero en vitaminas.

Siente la diferencia en siete días.

Viajes:

Viaja como los millonarios.

Paga como los vagabundos.

Deja celosos a todos en Facebook.

Servicios:

Ahorra en tu factura eléctrica.

Deja que tus vecinos ahorren también.

Gana dinero cuando encienden sus luces.

Cuidado para el cutis:

Plancha tus arrugas.

Haz de tu rostro tu mejor primera impresión.

Nunca te preguntarán si eres la hermana mayor.

Trabajar desde casa:

No más despertadores.

Despierta cuando termines de dormir.

Pasa el tiempo trabajando, no manejando.

Limpiadores naturales:

Limpiadores seguros para tu casa.

Sin vapores tóxicos para tus pulmones.

Cuida nuestro valioso medio ambiente.

Quienes odian a su jefe:

Sé tu propio jefe.

Pon tus horarios.

Sólo recibe órdenes tuyas.

Quienes quieren sentirse más jóvenes:

Envejecer duele.

Frena el envejecimiento ya.

Siéntete de 16, pero con mejor juicio.

Energía:

Deja de sentirte cansado.

Estás a 15 minutos de sentirte genial.

Energía saludable, sin cafeína.

Para una oportunidad de negocio:

¿Odias desplazarte al trabajo?

Comienza tu propio negocio de medio tiempo desde tu casa.

Sin riesgo.

El siguiente año, trabaja desde casa tiempo completo.

Preguntémonos, "¿Qué nos gusta más? ¿Una presentación larga o una presentación corta?"

¿Nuestra respuesta? "Nos gusta más una presentación corta." Eso nos da una oportunidad de decir "sí" o "no" pronto en la conversación, y ahorrar nuestro valioso tiempo de procesamiento. ¿Y si la presentación corta nos interesa? Felizmente haremos preguntas sobre los demás detalles y una presentación más larga.

Los prospectos sienten lo mismo.

A los prospectos les encanta comprar, pero detestan cuando alguien quiere venderles. ¿No deberíamos hacerlo fácil para que compren al hacer presentaciones cortas en lugar de largas?

Si no podemos explicar cómo nuestros productos o servicios resuelven el problema de nuestros prospectos en tres breves frases, ¡podríamos estar en un problema!

Los prospectos no quieren esperar mientras tratamos de ser claros y explicar todos los detalles. Quieren saber el desenlace ahora mismo.

La trampa de la "Ley de Hick."

Manténlo simple. ¿Por qué?

La Ley de Hick dice que entre más opciones le demos a nuestros prospectos, más difícil se hace para ellos tomar una decisión.

Nuestros cerebros son perezosos. Demasiadas opciones significan que nuestros prospectos tienen que pensar largo y duro para tomar su decisión.

Lo breve y simple funciona. A los prospectos les encanta.

Hay un viejo dicho de motivación en redes de mercadeo:

"Si estamos en llamas, algunos vendrán sólo para ver la lumbre."

Puede ser cierto. Así que asegurémonos de tener algo corto y poderoso qué decir mientras estamos en llamas.

Usa este atajo.

Imagina que el cerebro tiene un programa que dice, "Si es simple, es correcto."

Nuestros cerebros imploran por la simplicidad. Quieren creer que la explicación y la solución más simple es la correcta.

Más pruebas e información es contraproducente.

Vamos a mantener las cosas breves.

ESTRATEGIA #5:
LA EMOCIÓN ES AMIGA DE
NUESTROS PROSPECTOS.

Esto es grande.

Toma un marca textos. Comencemos.

El psicólogo Paul Ekman enumeró seis emociones básicas:

- Felicidad (¡Yei! Todos la quieren.)
- Tristeza (Lo contrario.)
- Miedo (Piensa en serpientes o pesadillas.)
- Disgusto (Juntas de oportunidad eternas o queso vegano.)
- Enojo (Nuestro prospecto no se presentó.)
- Sorpresa (Ganamos el Oscar como Mejor Patrocinador.)

Tenemos programas sobre estas emociones en nuestras mentes subconscientes. Estos programas producen que queramos cosas, o que evitemos cosas.

Piensa en las emociones como el activador que nos obliga a hacer algo.

No hay emoción. ¿Qué ocurre? Nada. Nos sentamos y no hacemos nada hasta experimentar una emoción.

Nuestras emociones nos ponen en acción. Necesitamos a nuestras emociones.

Y las decisiones necesitan emociones. Más sobre esto en un momento. Pero primero, vamos a nombrar más emociones:

- Confianza (Esa es enorme para nuestro negocio cuando hablamos con prospectos.)
- Anticipación (Esperando por nuestros regalos de cumpleaños o el anuncio del nuevo producto.)
- Vergüenza (Todo mundo detesta quedar en ridículo.)
- Desesperación (Cuando alguien pierde la esperanza y deja de intentar.)
- Amor (Posiblemente la emoción más buscada.)
- Horror (Cuando creímos que calificamos para el viaje, pero no.)
- Antojo (Ocupa el 99% de la actividad cerebral de los que están a dieta.)
- Aburrimiento (Usualmente inducido por largas y no deseadas presentaciones.)
- Ansiedad (El mes es más largo que el cheque.)

¿Hay más emociones? Sí. La lista podría continuar. Pero la mayoría de las emociones se puede describir como una combinación de las emociones básicas de arriba.

¿De dónde provienen estas emociones? Nuestro cerebro interpreta lo que sucede a nuestro alrededor. Usa lo que sentimos, algunos recuerdos pasados, nuestros programas actuales y crea una emoción. Por ejemplo, vemos a un niño llorar. Recordamos la vez cuando lloramos de niños. ¿Por qué llorábamos? Por que nuestra madre nos regañó. Y ahora nos sentimos muy tristes por ese niño que llora.

Si nuestro prospecto se siente triste, puede tomar la decisión de no comenzar su negocio. Por otro lado, si nuestro prospecto está enojado con su jefe, su decisión podría ser inmediata para comenzar ya.

La emoción es necesaria para las decisiones.

Pero la pregunta real es:

"¿Los humanos usan emoción o lógica para tomar decisiones?"

Mientras que la información es valiosa, no es suficiente para cerrar a nuestros prospectos. ¿Entonces cómo encajan las emociones dentro del proceso de toma de decisiones?

Aquí hay una versión corta para nuestros propósitos de redes de mercadeo:

Los seres humanos toman decisiones emocionales. Luego… **sueñan con** algunas razones lógicas para racionalizar y justificar esas decisiones.

Necesitamos emociones para tomar decisiones.

Darle a nuestros prospectos datos, cifras, gráficas y videos pondrá su cerebro en modo analítico. Auch. Ahora nuestros prospectos se están desconectando de la parte emocional, que toma las decisiones en su cerebro. Necesitamos repensar los videos y las presentaciones de PowerPoint de nuestro pasado.

¿Vemos el problema?

Creamos este problema al presionar a nuestros prospectos a activar su modo analítico. Sí, el error es nuestro.

¿En pocas palabras? Las decisiones se toman emocionalmente... y luego se justifican o se racionalizan con lógica. Y así es como funciona el cerebro.

Aquí hay algunos ejemplos.

¿Por qué piensas que alguien compra nuestros productos para hacer dieta?

¿Es por nuestra tecnológica mezcla de aminoácidos patentada, el número de gramos de proteína por porción, el hecho de que nuestro doctor ganó un premio en algún lugar, la fachada brillante de nuestras oficinas, o la capacidad del fundador de nuestra compañía de caminar sobre el agua cuando está congelada?

¿O compran nuestros productos de dieta para lucir bien en la reunión de diez años de la escuela y para finalmente conseguir una cita?

¿Por qué piensas que alguien se une a nuestro negocio?

¿Porque nuestra compañía tiene diez años de antigüedad? ¿Porque tuvimos un aumento del 35% sobre los patrocinios del mes pasado? ¿Porque nuestro plan de compensación paga 3% más sobre el PV del BV del GV?

O, ¿para que puedan ganar suficiente dinero para quedarse en casa con sus hijos en lugar de empeñarlos en la guardería?

¿Cuál es la meta de hablar con nuestros prospectos?

A. Educarlos con datos y cifras.

B. Obtener una decisión.

Nuestra meta es conseguir decisiones positivas de nuestros prospectos. Dejemos de mostrar presentaciones PowerPoint, recitar reportes, y reproducir videos comerciales. En lugar de eso, hablaremos con la parte que toma las decisiones en el cerebro de nuestros prospectos con las razones emocionales para comprar nuestros productos o unirse a nuestro negocio.

Los humanos toman decisiones emocionales. Así funciona. Después, creamos una historia que nos haga lucir lógicos.

Por ejemplo, ese costoso deportivo rojo. ¿El dueño tuvo esta conversación interna? "No se fabricaron muchos de este modelo. Pienso que mantendrá su valor de reventa con el tiempo. Esto representa una buena inversión, incluso si el rendimiento de combustible es terrible."

¿Cuál es la conversación interna más probable? "¡Lo quiero! ¡Me voy a ver tan bien! Siempre he querido un deportivo veloz, ruidoso y en rojo para que me haga lucir asombroso."

Sí, ese costoso deportivo rojo es una decisión emocional.

¿Los ingenieros nerd toman decisiones lógicas?

Los ingenieros toman decisiones emocionales. A diferencia de la creencia popular, los ingenieros son seres humanos. Vamos a tomar este ejemplo.

El ingeniero recibe las cotizaciones de los contratistas para el gran puente de la ciudad. El ingeniero piensa:

"Si apruebo el presupuesto más bajo, y no funciona, perderé mi trabajo. Perderé mi reputación. No podré mantener a mi familia. Será vergonzoso salir en público. Más vale que tome un presupuesto más alto de un contratista establecido para que mi vida no termine arruinada."

Las decisiones son... emocionales.

Los datos, las cifras, los panfletos, los videos, y los reportes deben de venir después de la decisión. ¿Por qué? Por que después de que tomamos nuestra decisión emocional, queremos crear una historia creíble que nos haga lucir lógicos.

La desventaja de las decisiones emocionales.

¿Sentido común? ¿Lógica? Sí, los humanos tienen estas cosas. Vemos a nuestros amigos tomar decisiones ridículas. Desearíamos que usaran el sentido común y la lógica. Pero no importa cuánto analicemos los datos o manipulemos los hechos, pareciera que las emociones, no la lógica, siempre activarán las decisiones.

Así que si nuestro trabajo como empresarios de redes de mercadeo es obtener decisiones, ¿cuál debería de ser nuestra estrategia?

¡Aumentar la emoción!

Para incrementar la velocidad de una decisión, todo lo que debemos de hacer es "aumentar la emoción" en nuestros prospectos. ¿Quieres un ejemplo?

Siente enojo.

Piensa en todas las decisiones rápidas que tomamos cuando estamos enojados. ¿Estas decisiones son pensadas con la lógica de una personalidad verde? No. Demos un vistazo a algunas decisiones cuando estamos enojados.

- "Me golpeas. Yo te golpeo."
- "Tú tomaste el dinero. Te grito."
- "Tú conduces muy despacio. Sonaré mi claxon con ira."
- "Mi candidato no ganó las elecciones. Beberé cerveza toda la noche."
- "Mi compañero de trabajo se burló de mi peso. Me inscribiré al gimnasio."
- "Me preguntaron si era mamá de mi hermana. Compraré esta crema costosa."
- "Mis parientes se burlaron de mi coche. Trabajaré el doble de duro en mi negocio para ganar el bono del auto."
- "Tomó dos horas luchar contra el tráfico para llegar a casa. Comenzaré mi propio negocio casero."
- "El lavamanos y el baño no sirven. Nunca más tomaré vacaciones baratas."
- "El bono de fin de año no dio ni para salir una noche. Buscaré un nuevo empleo."
- "El idiota de mi cuñado ahora trabaja sólo cuatro días por semana. Necesito alcanzarlo."
- "Mi recibo eléctrico es del doble de lo que pagué el año pasado. Necesito cambiarme ahora."
- "Pasé cuatro horas en la sala de espera. Vi al doctor por tres minutos. Me recomendó ir a la sala de espera de otro doctor la próxima semana. Necesito sanarme y cuidarme por mí mismo."

- "Mis nietos se rieron cuando no pude recordar. ¿Qué puedo hacer por mi mente para poder recordar mejor?"
- "Mi madre me dijo que llegara a casa a las 10pm. Tengo 31 años de edad. Necesito pagar mi préstamo estudiantil para poder conseguir mi propio departamento."

Ninguna de estas decisiones tomó mas de unos pocos segundos. Cuando las emociones son altas, las decisiones son fáciles. Es la falta de emoción lo que prolonga el proceso de toma de decisiones hasta la eternidad. ¿Notamos la total falta de datos, folletos, cifras y presentaciones en estos ejemplos?

El enojo no es la única emoción. Podemos tener altos niveles de las demás emociones que mencionamos anteriormente. Piensa en las ocasiones que sentimos horror, antojos, anticipación, amor o vergüenza. Nuestras emociones nos condujeron a tomar decisiones rápidamente en esas ocasiones.

Hay otro beneficio de las emociones. Las emociones crean profundos recuerdos en nuestros prospectos. Cuando pensamos en los eventos del pasado, no sólo nuestras mentes recrean la escena o la secuencia de eventos, nuestras mentes también recrean las emociones que sentimos en el momento.

¿Qué significa esto para nosotros? Cuando "aumentamos la emoción" con nuestros prospectos, ellos recordarán lo que dijimos.

Aquí está un divertido experimento.

Escribe una lista de palabras al azar. Trata de memorizarlas. Será difícil mantenerlas en nuestra memoria de corto plazo. Pero una experiencia entera, cargada con emoción, será recordada casi siempre. Quizá recordamos la primera vez que lloramos en la escuela. O qué tan avergonzados nos sentimos durante nuestro primer discurso en público. O la vez que nos comprometimos en matrimonio con nuestra pareja. Las experiencias con emoción se quedan con nosotros por más tiempo.

¿Cómo hacer que los prospectos se pongan emocionales?

Hacer que nuestros prospectos cambien el piloto automático por las emociones está dentro de nuestro control. Esas son noticias geniales. ¿Pero como se hace?

Una manera genial es cambiando las palabras que usamos. Ciertas palabras están más emocionalmente cargadas que otras. Aquí hay algunas palabras emocionales al azar que los publicistas usan con nosotros. ¿Estas palabras agitan emociones dentro de nosotros?

Dolor.

Dinero.

Bebé.

Madre.

Puñalada por la espalda.

Pérdida.

Amor.

Gratis.

Nuevo.	Vacaciones.
Secreto.	Impuestos.
Atrapado.	Retención.
Muerte.	No autorizado.
Castigo.	Hogar.
Pecaminoso.	Arrogante.
Desagradable.	Revoltoso.
Antojo.	Apestoso.
Desear.	Diabólico.
Impulso.	Alboroto.
Prohibido.	Controvertible.
Contrabandeado.	Maravilla.
Vergüenza.	Amargo.
Escondido.	Furioso.
Confidencial.	Mocoso.
Cáncer.	Desagradable.
Ahora.	Bravucón.
Libertad.	Mentiras.
Viajar.	Cobarde.

Odio.

Ira.

Resentimiento.

Escándalo.

Venganza.

Abuso.

Implacable.

Perdedores.

Suciedad.

Mañoso.

Enterado.

Seguridad.

Incondicional.

Probado.

Vitalicio.

Reembolso.

Mejor vendido.

Riesgoso.

Chispa.

Impulso.

Rally.

Elogio.

Recomendación.

Campeón.

Alegre.

Extasiado.

Felicidad.

Espectacular.

Milagro.

Sin aliento.

Victoria.

Mágica.

Retador.

Sentimiento.

Revelador.

Temerario.

Héroe.

Conquista.

Desafiar.	Crédulo.
Corazón.	Tóxico.
Tripas.	Víctima.
Desenvuelto.	Catástrofe.
Preocupación.	Espeluznante.
Ansiedad.	Trampa.
Terror.	Inocente.
Cuidado.	Desastre.
Duda.	Colapso.
Siniestro.	Equivocación.
Engañado.	Precaución.
Estúpido.	Desconcierto.
Loca.	Veneno.
Horrífico.	Pesadilla.

Estamos seguros de que puedes pensar en más palabras. Sin embargo, esta es una buena lista para comenzar.

¡Cambio ya!

Un pequeño cambio en nuestras palabras y nuestras emociones cambian. Aquí hay algunos ejemplos de escoger mejores palabras.

En lugar de niño, decimos "bebé."

En lugar de casa, decimos "hogar."

En lugar de pequeño humano, decimos "infante." (Sí, los ingenieros han usado las palabras "pequeño humano.")

En lugar de perder peso, decimos "victoria sobre la grasa."

En lugar de oportunidad perdida, decimos "pesadillas de arrepentimiento."

En lugar de estudios de laboratorio, decimos "análisis de sangre."

En lugar de mal jefe, decimos "jefe despiadado."

En lugar de sabe bien, decimos "sabor pecaminoso."

En lugar de limpiadores a base de químicos, decimos "limpiadores tóxicos."

En estos ejemplos, estamos agregando una palabra llena de emoción. Piensa en lo que ocurrirá cuando comencemos a agregar palabras emocionales extras. Estas frases llenas de emoción activan la acción y son recordadas.

Las emociones hacen que todo sea mejor.

La niña maravilla de ocho años fue un fracaso.

Cuando comencé en 1972, uno de mis primeros líderes de ventas fue una madre soltera. Con 12 hijos y un esposo discapacitado, daba presentaciones caseras cada vez que podía. Su hija de ocho años también la acompañaba. Estaba emocionada por el futuro éxito de su madre. De hecho, cuando su madre ganó un viaje a Hawaii, se llevó a su hija de ocho años con ella.

Los niños aprenden rápido. Su hija de ocho años se ponía de pie frente a la gente con un marcador y un caballete, y explicaba el plan de compensación entero.

¿Impresionante? Sí.

¿Efectivo? No.

Cualquiera puede memorizar detalles de productos. Y cualquiera puede memorizar planes de compensación. Pero no es por eso que los prospectos se unen.

Es nuestra habilidad de hablarle a programas específicos en su mente subconsciente que provocan decisiones.

En este caso, el ímpetu interno y la creencia desbordaban a esta madre a través de cada uno de sus poros. Incluso cuando olvidaba palabras, las personas podían ver su pasión y compromiso para llegar a la cima. Querían ir con ella.

Esto fue un buen comienzo. Su siguiente paso fue aprender palabras y frases mágicas. Esto significó que su mensaje se hizo más efectivo. Ahora, menos prospectos bloqueaban su mensaje. Sus resultaros subieron. Esto la hizo más atractiva como patrocinadora.

Todos los días ella buscaba nuevas y mejores formas de entregar su mensaje. Y eso era la diferencia entre ella como líder, y quienes la seguían.

Aquí está un ejemplo de un mensaje original, y la versión mejorada.

Mensaje original: "Como mamá, puedes ganar dinero para la escuela privada de tus hijos. Y pueden ir caminando desde tu casa."

Mensaje mejorado: "Como **madre**, puedes ganar dinero para la escuela privada de tus **bebés**. Y pueden ir caminando desde tu **hogar**."

Pequeños cambios. Unas pocas palabras emocionales hacen la diferencia. Sus patrocinios aumentaron. Más madres del vecindario se unieron con ella.

Vender beneficios para el futuro es difícil.

Nadie quiere comprar seguros de vida. Nadie quiere hacer ejercicio durante meses para entrar en forma. Los seres humanos se preocupan por el ahora.

Los humanos dicen, "¿Mañana? Ah, no nos vamos a preocupar por eso ahora."

¿Qué podemos hacer para cambiar esto? ¿Cómo hacemos para que nuestros prospectos piensen en el futuro? Vamos a probar con algunos mensajes mejorados al agregar un poco de emoción.

Ahorrando para el retiro:

"Con nuestros empleos actuales, ya es demasiado tarde para ahorrar lo suficiente para nuestro retiro. Perdimos nuestra oportunidad al no ahorrar 20% de nuestro sueldo cuando teníamos 25 años de edad. Eso significa que, o trabajamos por el resto de nuestras vidas hasta el día de nuestra muerte... o comenzamos un pequeño negocio de medio tiempo ahora, para que tengamos bastante dinero cuando queramos jubilarnos."

Servicios:

"¿Sigues pagando demasiado por tus servicios? Vamos a entrar a Internet y evitemos que te cobren tanto el siguiente mes."

Salud:

¿La tercera edad? Sí, ya viene. Y habrá una gran diferencia entre las personas con buena salud, que disfrutan de sus vidas... y aquellos que queden atrapados en el sistema de citas médicas, papeleo y frustración."

Servicios legales:

"Te sientes mal cuando los demás no son justos? Deja de sentirte como una víctima y reclama lo que es tuyo. Detén a los estafadores de inmediato con una llamada telefónica a tu abogado personal. La intimidación funciona."

Nutrición:

"Morir pronto no es conveniente. Detén el proceso de envejecimiento antes de que sea demasiado tarde."

Dietas:

"Convierte tu cuerpo en una máquina quema-grasa ya. Pierde peso mientras miras televisión. Tu ropa te quedará grande en sólo siete días."

Cuidados del cutis:

"Las arrugas están sobrevaloradas. Nos dan carácter pero no mucho más. Usa esta crema anti-arrugas para que las personas dejen de juzgarte tu rostro."

Oportunidad:

"¡Despide a tu jefe chupa-sangre mata-sueños! No más arrastrarte por un aumento. Date a ti mismo el aumento que mereces."

Desplazamientos:

"Escapa de los desplazamientos de dos horas al día. No te conviertas en otra víctima de la carrera de la rata."

Educación:

"No queremos que nuestros hijos se conviertan en jornaleros. Vamos a ganar cheques de 'escuela privada' con nuestro negocio ahora."

¿Es demasiado? Tal vez. Pero, ¿sentimos las emociones? Este es el tipo de emoción que provoca que los prospectos tomen decisiones rápidas. No obtenemos decisiones al dejar folletos y enlaces a videos en línea. No queremos que las personas mueran atascadas en el foso de brea de la información.

Suena bien pero, ¿no puedes hacer que la conversación comience?

Hablar sobre el futuro muestra que tenemos información para el mundo de nuestros prospectos.

Predecimos un problema del futuro, y les dejamos saber que tenemos una solución. Ahora nuestros prospectos pueden ofrecerse como voluntarios para continuar la conversación. Usa estas palabras fáciles. "Tal vez te interesaría..." o "¿Te gustaría saber?"

Algunos ejemplos.

Nosotros: "Vas a pagar más impuestos en pocos años. Tal vez te interesaría saber qué podemos hacer para evitar eso."

Si somos un asesor financiero, esto sería un comentario seguro y no abrasivo que podemos hacer con los prospectos.

Usando este patrón, aquí hay más frases.

"El metabolismo de tu cuerpo se hará más lento, año con año. Tal vez te interesaría saber cómo podemos evitarlo."

"Las arrugas llegan más rápido cuando cumplimos 40. Tal vez te interesaría saber cómo podemos retrasar eso."

"Los impuestos y los precios continúan en aumento, mucho más rápido que nuestros sueldo. Tal vez te interesaría saber cómo podemos vencer la tendencia."

"El tráfico y los desplazamientos se pondrán peores. No construirán nuevas rutas a través de los vecindarios residenciales para nosotros. Tal vez podrías estar interesado en cómo puedes trabajar desde tu casa."

"La competencia se está poniendo feroz, y los grandes aumentos de sueldo son cosa del pasado. Tal vez estés interesado en cómo te puedes dar tú mismo un aumento de sueldo."

Como líderes, nuestro trabajo es crear estas afirmaciones fáciles de usar para los miembros de nuestros equipos. Cuando nuestro equipo se da cuenta de que estas frases están libres de rechazo, las usarán más frecuentemente. Queremos construir hábitos, y no depender de la fuerza de voluntad. Imagina lo que podría ocurrir si los miembros de nuestro equipo usaran este tipo de frases varias veces por día.

Más comentarios usando, "¿Te gustaría saber cómo lo estoy haciendo?"

"Estoy haciendo a mi cuerpo más joven. ¿Te gustaría saber cómo lo estoy haciendo?"

"Conforme envejecemos, padecemos de mucha inflamación. Tal vez lo has sentido en la mañana. Encontré cómo evitarla. ¿Te gustaría saber cómo lo estoy haciendo?"

"Estoy reduciendo a cuatro días por semana. ¿Te gustaría saber cómo lo estoy haciendo?"

"Me estoy librando de las mensualidades del coche. ¿Te gustaría saber cómo lo estoy haciendo?"

"¿Detener las arrugas? Encontré cómo. ¿Te gustaría saber cómo lo estoy haciendo?"

"¿Robo de identidad? No tengo preocupaciones sobre eso. ¿Te gustaría saber cómo lo estoy haciendo?"

"¿Suficiente dinero para el retiro? Ya encontré la manera. ¿Te gustaría saber cómo lo estoy haciendo?"

"¿Empleos de buena paga para gente joven? Sólo en nuestros sueños. Pero encontré cómo crear ese tipo de trabajos. ¿Te gustaría saber cómo lo estoy haciendo?"

¿Agregar emoción puede ayudarnos con las demoras de nuestros prospectos?

Por supuesto. La emoción es una herramienta excelente para activar las decisiones de nuestros prospectos ahora, en lugar de en el futuro.

¿Alguna vez hemos escuchado esto?

Prospecto: "Quiero pensarlo más."

Nosotros pensamos, "¿¡Es en serio!? ¿Sobre qué podría pensar mi prospecto después? ¡Ya le di toda la información!"

Ahora es el mejor momento para que nuestro prospecto tome la decisión. Todo está fresco en su memoria.

Entonces, ¿por qué se demoran nuestros prospectos?

Debido a que nuestros prospectos **tienen miedo** de tomar una decisión. El miedo es una poderosa emoción que le dice a nuestros prospectos qué hacer.

Esto es fácil de solucionar.

Podemos obtener la decisión de nuestro prospecto ahora con esta mini-historia que incluye algunas palabras emocionales. ¿Listos?

"**Imagina** que estás parado en medio de una avenida. Un enorme camión viene **a toda velocidad** hacia ti. ¡**Qué miedo!** Te **preguntas** si deberías moverte a la derecha, o moverte a la izquierda. Pero **decides** pensarlo un poco más. ¡PUM! La vida **tomó** la decisión por ti. **Perdiste** la oportunidad de **decidir**. **No dejes que la vida tome la decisión** por ti. **Perderás** esta oportunidad de tomar el **control** de tu vida. Cualquiera que sea tu **decisión**, quedarte donde estás, o salir adelante, está bien. Pero aquí está **tu momento**, toma el **control** de tus **decisiones**."

Nuestro prospecto se da cuenta de que no hay retrasos en las decisiones. Es una decisión de mantener todo como está y continuar con esta frustrante vida, o una decisión de salir adelante con nosotros.

Simple.

Al agregar un poco de emoción, podemos dirigir a nuestro prospecto a tomar la decisión ahora.

¿Quieres ver otro ejemplo de agregar unas pocas palabras emocionales para ayudar con una objeción?

Objeción: "No pienso que tenga que comenzar ahora. Las cosas no se ven bien en mi trabajo. Necesito conservar mi efectivo."

Nosotros: "Yo estaría con **miedo** también. Tienes **todos** tus huevos en la misma canasta. Y tu jefe tiene **el control de la canasta**. Ese es un **sentimiento horrible**. No luces como el tipo de persona que le gusta **tomar grandes riesgos**. Vamos a comenzar tu segundo ingreso ahora, para que si nuestro trabajo se va, no **pierdas** el 100% de tus ingresos."

¿Podríamos usar una micro-historia para eliminar la procrastinación de nuestros prospectos? Seguro. Aquí hay un ejemplo.

Nosotros: "Mi vecino pudo haberse unido el mismo día que yo, pero no lo hizo. Mi vecino **nunca será capaz de olvidar** que sucedió. Todos los días cuando sale a trabajar, ve mi coche estacionado en la cochera."

Nuestro prospecto no quiere ser como el vecino. Será difícil olvidar esta mini-historia.

Esto es divertido. Vamos a ver una manera más de manejar la procrastinación, usando algunas palabras emocionales.

"Todas las oportunidades de negocio que has revisado anteriormente trataron de **confundirte** con demasiados detalles. Te dieron la **sensación** de que estaban **escondiendo algo**. Y lo hicieron. Fue **imposible** para ti ver la **imagen completa**. Aquí está lo que **necesitas saber**. La **trampa** es que no sabes cómo hacer ninguno de estos negocios todavía. La **diferencia** es, que nosotros te daremos toda la **capacitación**. Ahora puedes ganar el dinero que quieras."

Es divertido cuando destruimos a la competencia con unas pocas palabras.

Resumen.

Los datos, las cifras, los videos corporativos, las diapositivas de PowerPoint, y la información pone a nuestros prospectos en modo analítico. No ocurren muchas decisiones cuando están en ese modo.

Las emociones activan el proceso de toma de decisiones.

ESTRATEGIA #6:
MANEJANDO OBJECIONES.

Las objeciones ocurren. Se sienten menos atemorizantes cuando comprendemos por qué ocurren.

¿Por qué recibimos objeciones?

Tal vez nuestros prospectos no necesitan lo que ofrecemos. Es posible, pero poco probable. No estaríamos hablando con ellos a menos de que veamos cómo nuestros productos u oportunidad podrían resolver sus problemas.

Nuestros prospectos tienen miedo al cambio. Muy posible. Pero esto es nuestro error. Sabemos que tienen este programa, y olvidamos posicionar nuestro mensaje como un cambio mínimo.

A nuestros prospectos les atemoriza el futuro desconocido. Por supuesto que quieren estar seguros donde están, pero hemos fallado en hacerlos conscientes de los peligros de no tomar acción.

Nuestros prospectos no comprenden. Nadie quiere tomar una decisión sobre algo que no entiende. Podemos ayudarlos al usar ejemplos, metáforas y analogías similares.

Nuestros prospectos reaccionaron ante nosotros cuando dijimos palabras equivocadas. Deberíamos preparar nuestro mensaje cuidadosamente antes de conversar con nuestros prospectos.

Nuestros prospectos no nos creen. Hmmm. Esto es básico. Esto nunca debe de ocurrirnos a nosotros como profesionales. Nunca terminamos con el paso de crear afinidad hasta que tengamos confianza y creencia de parte de nuestros prospectos.

Nuestros prospectos no quieren que les vendan. Muchos prospectos tienen programas contra vendedores. Nuestra estrategia no debería ser querer venderles, sino permitirles comprar.

Nuestros prospectos tienen diferentes creencias y programas. Debemos replantear nuestro mensaje para estar en línea con sus creencias y programas actuales.

Sí, hay muchas, muchas razones para las objeciones. Queremos determinar la causa de estas objeciones. Luego, podemos formar una estrategia para nuestras respuestas.

Los prospectos no son malos.

Las objeciones de los prospectos no tienen nada que ver con nosotros personalmente. Ellos simplemente no se sienten cómodos avanzando con lo que les propusimos.

¿Cómo manejamos esto? Hacemos que se sientan cómodos. Explicamos las cosas más claramente. Les mostramos hechos y puntos de vista que no conocían. Replanteamos sus objeciones bajo una visión positiva. Sí, tenemos muchas herramientas a nuestra disposición. Veamos algunas.

Como todos ya lo sabemos, la primera regla de las objeciones es estar **de acuerdo**.

Esto mantiene abierta la comunicación. Si entramos en desacuerdo, nuestros prospectos estarán pensando, "¡Muy bien! Necesito más municiones para defender mi posición." Mientras sus mentes conscientes piensan en más razones para respaldar su punto de vista, no nos están escuchando. Recuerda, la mente consciente sólo puede procesar un pensamiento a la vez.

Veamos algunas soluciones en acción.

Objeción: "No estoy interesado."

Nosotros: "Estás en lo correcto. No deberías estar interesado en nuestro negocio. Sin embargo, podrías estar interesado en ganar un cheque extra de nuestro negocio. Te podría ayudar a pagar la universidad de tu hija."

Las mentes subconscientes de nuestros prospectos activan su programa de "amor por los hijos" y su programa de curiosidad. Ahora nuestra conversación puede continuar.

Aquí hay otro ejemplo.

Objeción: "No estoy interesado."

Nosotros: "Las últimas dos personas con las que hablé dijeron exactamente eso. Cuando se enteraron de que este negocio es una manera para que puedan trabajar desde su casa en lugar de conducir al trabajo, quisieron saber más. ¿Te gustaría saber qué fue lo que encontraron?"

Las mentes subconscientes de nuestros prospectos activaron los programas de libertad y curiosidad. Ahora nuestra conversación puede continuar.

Esto comienza a ponerse divertido.

Objeción: "No estoy interesado."

Nosotros: "Por supuesto. Es difícil estar interesado por que fallé al decirte cuánto dinero puedes ganar. ¿Estaría bien si te muestro evidencias? Luego, la decisión está en tus manos."

Las mentes subconscientes de nuestros prospectos desactivarán sus programas contra vendedores y miedo al cambio. La evidencia ahora crea curiosidad. Ahora nuestra conversación puede continuar.

¿Qué tal otro ejemplo?

Objeción: "No me interesa cambiar mi electricidad."

Nosotros: "Te entiendo. No quise dar a entender que tienes que cambiar tu electricidad. Sólo quería que tomaras el descuento en línea. De nada te sirve pagar esos cargos extras cada mes."

Las mentes subconscientes de nuestros prospectos activan su programa de "miedo a la pérdida." Nuestra conversación puede continuar.

Objeción: "No estoy interesado. Ya tengo demasiadas ocupaciones."

Nosotros: "Eres la persona más ocupada que conozco. No tienes tiempo que perder. Yo puedo ayudarte a tener más tiempo. ¿Estaría bien si conversamos durante la comida un día, para no robarte nada de tu precioso tiempo?"

Las mentes subconscientes de nuestros prospectos activan su programa de miedo a la pérdida. Ahora nuestra conversación puede continuar. O, en algunos casos, esta respuesta podría ser apropiada.

Objeción: "No estoy interesado. Ya tengo demasiadas ocupaciones."

Nosotros: "Comenzar tu propio negocio de medio tiempo toma dedicación. Tiempo que no tienes ahora. Tienes demasiadas ocupaciones como para agregar más cosas a tu vida. Mientras que comenzar un negocio toma tiempo, tiene algunos beneficios importantes. ¿Te gustaría saber por qué algunos de tus amigos demasiado ocupados decidieron tomar esos beneficios?"

El programa de curiosidad de nuestro prospecto toma el control, y ahora nuestra conversación puede continuar. ¿Notaste cómo no violamos las creencias de nuestro prospecto sobre estar muy ocupado? Cuando permanecemos consistentes con sus creencias, mantenemos abierta la comunicación.

¿Objeciones de dinero?

Objeción: "No tengo nada de dinero para iniciar."

Nosotros: "Por supuesto que no tienes nada de dinero. Por eso estoy hablando contigo ahora. No quieres estar así por el resto de tu vida. Vamos a sentarnos ahora, y veamos cómo puedes comenzar."

Nuestros prospectos tienen que estar de acuerdo. No quieren estar sin dinero por el resto de sus vidas. Comenzamos estando de acuerdo, y luego fue fácil hacer una transición hacia el futuro.

Objeción: "No tengo nada de dinero para iniciar."

Nosotros: "Eso es lo primero que dije cuando vi este negocio. Y luego pensé, 'He trabajado toda mi vida, mi plan está fallando. Mis amigos piensan que soy un fracasado. No puedo seguir haciendo las cosas de esta manera.' Y luego descubrí cómo juntar el dinero para cambiar mi vida."

A los prospectos les preocupa lo que los demás piensan sobre ellos. Los humanos tienen programas muy arraigados para pertenecer al grupo. Cambiamos la objeción de dinero a cómo nuestros prospectos piensan que los demás los juzgan.

¿Qué más podemos hacer para ayudar a los prospectos a superar sus objeciones?

En algunos casos, simplemente re-enmarcar o reposicionar nuestro mensaje derriba las objeciones. Podemos convertir una objeción en una razón para comprar o unirse. ¿Cómo funciona?

Prospecto: "No creo tener la personalidad para hacer este negocio."

Nosotros: "Relájate. Las buenas noticias son que tenemos docenas de personas que estaban exactamente en la misma situación cuando comenzaron en un principio. Aprendieron cómo y se hicieron exitosos y están aquí para apoyarte. Estás en muy buena compañía."

Ahora nuestros prospectos no pueden usar esta objeción debido a que la transformamos en una razón por la que podrían unirse. ¿Otro ejemplo?

Prospecto: "No tengo la confianza de que este negocio me servirá."

Nosotros: "Todos se sienten de ese modo al comenzar. Las buenas noticias son que ya sabes que lo que estás haciendo no está funcionando, así que no hay nada malo en probar con este negocio."

¿Qué hay de la ansiedad a causa de una falta de habilidades? Fácil. Podríamos decir esto:

Prospecto: "No sé si tengo las habilidades necesarias para hacer funcionar este negocio."

Nosotros: "No sé qué tan lejos llegarás con tu negocio de redes de mercadeo. Pero las buenas noticias son que podemos elegir aprender habilidades nuevas para llegar tan lejos como queramos."

El reposicionamiento, "Aprender habilidades nuevas nos hará más exitosos," remueve la objeción. Nuestro prospecto ahora ve al éxito como la elección de aprender habilidades nuevas.

Cuando todo lo demás falla.

Nuestro prospecto cruza los brazos, frunce en ceño, e insiste, "Tengo que pensarlo más."

Tomamos la indirecta.

Cuando escuchamos esto de un prospecto que se resiste, a menudo podemos usar esta misma resistencia a nuestro favor. ¿Cómo?

Al ordenarle a nuestro prospecto que lo piense más.

¿Ehhh? ¿Ordenarle a nuestro prospecto que lo piense más?

Nuestro prospecto está en modo competencia, y quiere resistirse ante nuestro mensaje. Pero nuestro prospecto no puede oponer resistencia si le recomendamos que haga lo que quiere hacer.

Si nuestro prospecto lo piensa más, eso sería entrar de acuerdo con nosotros. La única manera en que este prospecto puede resistirse ante nosotros es tomando una decisión ahora, en lugar de pensarlo más.

¿Cómo sonaría esto en la vida real?

Prospecto: "Quiero pensarlo más."

Nosotros: "Quiero que pases más tiempo, días y semanas, analizando a la competencia. Deberías de comparar los detalles más minúsculos, y posponer comenzar tu negocio. Sólo deberías comenzar después de recolectar toda la información. De este modo, dentro de algunas semanas o algunos meses, cuando finalmente estés listo para comenzar a ganar dinero, te darás cuenta de que nuestra oportunidad y entrenamiento serán la mejor opción."

¿Qué está pensando nuestro prospecto ahora? "Ya he pasado horas, días, y semanas buscando una oportunidad. ¿Y ahora me estás diciendo que pierda todavía más tiempo haciéndolo? Y si continúo investigando, pronto todo se verá igual. La verdadera clave está en el entrenamiento, y trabajar junto a un patrocinador que tenga confianza como tú. Tal vez debería de unirme hoy. No quiero posponer el ganar el dinero extra que necesito."

Aquí está otra forma de responder a la resistencia de este prospecto.

Prospecto: "Quiero pensarlo más. Quiero investigar y comparar otras oportunidades."

Nosotros: "Genial idea. Muchas oportunidades de negocio tratan de confundirnos con toneladas de pequeños detalles, es casi imposible recordar la idea completa. Es natural. Aquí está lo que tienes que saber. Será fácil que recuerdes esto mientras evalúas otros negocios. Cuando elegimos un negocio, no sabemos cómo trabajarlo todavía. Nuestra diferencia es que te entrenaremos. Es un entrenamiento exhaustivo que puedes tomar a tu paso. Ahora puedes ganar el dinero que quieras."

¿Qué ocurrió?

Cambiamos la conversación y el criterio en la mente de nuestro prospecto. Ahora el sensacionalismo y detalles de nuestra competencia tendrán un menor efecto. Nuestro prospecto piensa, "Debería de tomar una decisión de negocio basado en el entrenamiento. Y, tú ya me lo estás ofreciendo ahora mismo."

Este acercamiento no funcionará para las personalidades verdes. A las personalidades verdes les encanta recolectar información. Pero para los otros tres tipos de personalidad, esto podría redirigir la decisión de analizar a la competencia. Ahora la decisión será basada en el entrenamiento exhaustivo.

Y finalmente, si no tenemos ideas de qué es lo que está deteniendo a nuestros prospectos, podemos preguntar.

Sin embargo, luce agresivo cuando preguntamos, "¿Qué te está deteniendo?"

Podemos hacerlo mejor que eso. Probemos con esto.

Nosotros: "Yo sé que te encanta la idea de nuestro negocio, pero nada es perfecto. ¿Qué te preocupa más en este momento?"

Nuestros prospectos se sentirán más cómodos respondiendo a esta pregunta. Su respuesta nos ayuda a limitar su decisión a una sola cosa. Si hay más de una cosa deteniéndolos, ahora es un genial momento para que lo descubramos.

Cambia la decisión a algo más.

Cuando los prospectos se fijan en algo que no podemos cambiar, gira la conversación a algo más. Dos rápidos ejemplos.

Prospectos: "Pero yo preferiría ordenar algo parecido en línea. Sería más barato que tus productos para la salud."

Nosotros: "Tu contacto en línea será un representante de servicio al cliente de salario mínimo. Seguramente recibirás a una persona diferente cada vez que los busques. Pero es tu salud de la que estamos hablando. Yo seré tu guía de salud cada vez que hables. Esto es tu salud y tu vida. No quieres que haya errores con esto."

Prospecto: "No puedo justificar pagar este precio por un filtro de agua."

Nosotros: "Esto no es algo para justificar como un nuevo lavavajillas, o un nuevo teléfono inteligente de $1,000. Esto es algo que hacemos por nuestra salud y por nuestra vida. ¿Te puedes imaginar cómo nos sentiremos cuando estemos sanos y fuertes mientras nuestros amigos jubilados sufren de mala salud y cuentas enormes por medicamentos?"

¿Todavía te topas con la objeción del precio? Nosotros comparamos el precio con algo que ya es familiar en la mente de nuestros prospectos.

Prospecto: "No quiero pagar tanto por un filtro de agua."

Nosotros: "Sí, este filtro para agua alcalina es costoso, **pero** no te costará nada. Es el mismo precio que estarás pagando por agua embotellada por los próximos años. Pagarás el precio del filtro ya sea que lo compres o no, ¿por qué no comprarlo ya?"

ESTRATEGIA #7:
USA ANALOGÍAS, SÍMILES, METÁFORAS Y EJEMPLOS.

¿Cómo podemos ayudar a que los prospectos comprendan mejor nuestro mensaje? Usando analogías, símiles, metáforas y ejemplos. Nuestros prospectos conectan nuestra nueva información a algo que ya entienden. Significa que nuestros prospectos no tienen que crear una red nueva de conexiones neuronales para nuestro mensaje. Nuestros cerebros aprecian una ruta más fácil.

¿Por qué funciona tan bien esto? Nuestro mensaje nuevo es más fácil de procesar por nuestros prospectos debido a que pueden asociarlo con algo que ya está en sus mentes. Sólo tienen que codificar y procesar las diferencias en nuestra nueva información.

Las objeciones de nuestros prospectos pueden ser una señal de que no entienden lo que nosotros entendemos. En lugar de hacer un vertedero de datos e información, haremos comparaciones con algo que ya conocen. Esto recorta su curva de aprendizaje.

Da un vistazo a las objeciones siguientes. Explicamos nuestra respuesta al comparar nuestra nueva información con algo con lo que nuestros prospectos sienten familiaridad.

Prospecto: "¿Por qué es tan caro tu suplemento?"

Nosotros: "Piensa en un árbol de manzanas. Sólo una pequeña porción del árbol es comestible y buena para nosotros, la manzana. Pero, si quisiéramos hacerla más barata, podríamos moler las raíces, la corteza, las ramas y las hojas. Luego, poner ese polvo en cápsulas. Sí, sería 'manzana,' pero no ayudaría a tu salud. No comprometeremos tu salud sólo para tener más ganancias."

Ahora, ¿qué es lo que nuestros prospectos pensarán cuando vean una versión más barata de nuestro producto? Tendrán dudas sobre la calidad y el desempeño de nuestros competidores.

Prospecto: "¿Por qué es tan caro tu suplemento?"

Nosotros: "Tu salud es como hacer un viaje al trabajo. Puedes decidir comprar un carro. O para ahorrar dinero, podrías elegir comprar una bicicleta para andar por la avenida. ¿En cuál prefieres arriesgar tu salud?"

La respuesta a esto es obvia. Nuestros prospectos entienden la diferencia entre una bicicleta y un coche para su seguridad. Al usar esta comparación, le hacemos fácil para el cerebro de nuestros prospectos el relacionar nueva información. ¿Más ejemplos?

Prospecto: "Tu programa para el cuidado del cutis es muy caro."

Nosotros: "Cuidar bien de tu piel requiere de una vigilancia constante. Ahora, puedes ahorrar dinero al tener una niñera de 11 años, o tener la seguridad de una niñera profesional a cargo de tu precioso bebé. Somos como la niñera profesional, garantizamos resultados geniales con tu piel antes de que sea demasiado tarde."

Prospecto: "Esta oportunidad de negocio parece abrumadora. Hay demasiadas cosas por aprender y hacer."

Nosotros: "Ese es un sentimiento común. Sin embargo, es tal como conducir un auto. Durante los primeros días de conducir, batallamos para mantener el coche al centro del carril. Después, agregamos habilidades nuevas. ¿Y dos meses después? Vamos conduciendo en piloto automático, ya no pensamos en las múltiples cosas que vamos haciendo. Tendrás la misma experiencia aquí."

Queremos relacionar nuestro mensaje a algo familiar, algo que nuestros prospectos ya saben. Ahora es fácil para sus cerebros captar nuestro mensaje.

ESTRATEGIA #8:
LOS PATRONES SE CONVIERTEN EN CAMINOS SUAVES PARA LAS MENTES DE NUESTROS PROSPECTOS.

Piensa en los niños. Al nacer, sus cerebros están parcialmente desarrollados. Le tomará años a sus cerebros aprender cómo sobrevivir en un mundo de adultos

¿Qué es lo que buscan durante este tiempo? Cómo funcionar en este mundo.

¿Cómo lo aprenden? Al detectar patrones. ¿Te suena familiar?

El pequeño grita, los padres lo levantan y lo reconfortan. El niño nota el patrón, y lo repite. Algunas veces toma más tiempo entrenar a los padres, pero eventualmente el pequeño sabe que, "Si grito, mis papás me cargan y tratan de hacerme feliz."

El niño usará este patrón una y otra vez en su vida.

La pequeña quiere un dulce. Grita, y las probabilidades de recibir un dulce aumentan bastante. Gritar mientras los padres están de compras en el supermercado produce resultados todavía más rápidos. Los padres no quieren pasar vergüenzas en público.

Gritar por un dulce en la casa no funciona tan bien. No hay demasiada presión social para que los padres cedan. Nadie los está mirando.

Pedir algo dulce con las palabras, "Estaría bien si," produce resultados mejores que otras secuencias de palabras.

Pedir un dulce después de las 6 de la tarde cuando los padres están agotados producirá aún mejores resultados.

Hacer algo bueno, y luego pedir un dulce, manipula a los padres para tener una mente más abierta a recompensas azucaradas.

Los niños sobreviven buscando patrones. Así es como aprenden.

Afortunadamente, conservamos nuestra fascinación por los patrones. Buscamos significado en cosas de nuestras vidas. ¿Por qué ocurrió este evento? ¿Por qué se molestó alguien? ¿Qué provocó esto? ¿Hay algún patrón?

Una vez que localizamos un patrón, es fácil repetirlo. No tenemos que construir nuevas conexiones neuronales. Ya tenemos esas conexiones. Luce natural. No hace falta pensarlo.

¿Nuestros prospectos tienen patrones? Por supuesto.

Si seguimos un patrón que nuestros prospectos sienten que es natural, nuestras posibilidades de éxito se incrementan.

¿Cómo sabemos qué patrones les gustan a nuestros prospectos? Pregunta.

Esto funciona mejor con productos y servicios. Lo que ofrecemos podría estar reemplazando un producto o servicio que nuestros prospectos tienen ahora.

La correspondencia de patrones no funciona tan bien para una oportunidad de negocio. La mayoría de los prospectos no tienen un patrón para unirse a oportunidades de negocio.

Tal vez nunca se hayan unido a una antes. O tal vez se unieron a una debido a que su cuñado fue a la casa. Esto es difícil de duplicar.

Por supuesto, si alguien se ha unido a múltiples oportunidades antes, tendrán un patrón. Simplemente pregunta.

Demos un vistazo a algunos ejemplos de patrones usados para adquirir producto.

Aquí están las preguntas que podríamos hacer. Las respuestas nos dirán exactamente qué patrón usarán nuestros prospectos para comprar nuestros productos.

Productos de dieta.

Nosotros: "¿Has hecho una dieta antes?"

Prospecto: "Sí. Si hay una dieta, ya la he probado." (Nuestro prospecto nos está diciendo que probará cualquier dieta **nueva**. No puede ser más fácil que esto.)

Nosotros: "Esta dieta es nueva. Te va a fascinar."

Aquí hay otra conversación. Esta vez veremos un patrón negativo que evitaremos.

Nosotros: "¿Alguna vez ha hecho dietas?"

Prospecto: "Sí. Probé la dieta baja en carbohidratos. Tenía enormes antojos de pan y pasta, tanto así que tan pronto dejé la dieta, todo mi peso regresó."

Nosotros: "Eso es normal. Nadie quiere sufrir de antojos y renunciar a su comida favorita. Necesitamos tener una dieta que encaje con nuestro estilo de vida."

Ahora, ¿qué piensa nuestro prospecto? "Si tienes una dieta diferente que incluye carbohidratos, estoy listo."

No es difícil detectar los patrones de nuestros prospectos.

Nosotros: "¿Cómo elegiste a tu proveedor de telefonía celular actual?"

Prospecto: "Vi una publicidad en el correo. Prometían reducir mi tarifa mensual."

Nosotros: "Pedir una tarifa más baja tiene sentido. Ahora podemos usar el dinero en otras cosas de la vida."

¿Qué está pensando nuestro prospecto? "Si tienes una tarifa más baja, debería cambiarme de inmediato." Un ejemplo más.

Nosotros: "¿Cómo elegiste tus vacaciones anuales actuales?"

Prospecto: "Primero, reviso cuánto dinero tengo. Luego, entro en línea y trato de encontrar una buena oferta. Quiero ahorrar dinero."

Nosotros: "Nuestro programa de viajes tiene acceso a todas las ofertas de Internet, además de paquetes secretos que sólo conocen las agencias de viajes. Vamos a ver qué tan lejos puedes viajar con tu presupuesto ahora, y prepárate para sorprenderte con las ofertas."

Amamos nuestros hábitos. Amamos los patrones familiares.

Cuando mantenemos en mente los patrones de nuestros prospectos, no tendrán que hacer mucho trabajo mental para comprender lo que les ofrecemos. Circulamos a través de las mismas conexiones neuronales que ya tienen.

ESTRATEGIA #9:
NUESTROS PROSPECTOS TENDENCIOSOS SÓLO ESCUCHAN UNA PARTE DE LO QUE DECIMOS.

Relájate. Esto es normal. Todo mundo tiene prejuicios. Estas creencias y programas nos dan nuestros puntos de vista. Aquí hay un ejemplo.

Dos equipos juegan un partido. Los fans del equipo ganador creen que el partido fue asombroso. Los fans del equipo perdedor ven un resultado totalmente diferente.

Mismo partido. Dos puntos de vista diferentes.

Nuestros prejuicios internos nos dicen qué pensar y qué creer sobre hechos y eventos neutrales. Como profesionales en redes de mercadeo, deberíamos de estar alerta a las tendencias de nuestros prospectos.

¿Una de las tendencias más comunes? La tendencia de confirmación.

La tendencia de confirmación nos dice que lo que ya creemos es verdad, y:

1. Rechazamos o descartamos todo lo que contradiga nuestras creencias.

2. Prestamos atención y amamos todo lo que esté alineado con nuestras creencias.

Es por eso que cuando dos personas ven la misma información, pueden tener dos puntos de vista completamente diferentes. Piensa en un discurso político. Si somos miembros del mismo partido político, su mensaje resonará con nosotros y creeremos todo lo que digan. Si no somos miembros de ese partido político, interpretamos esa misma información como una razón de no creer en esa persona.

En corto, nuestros prejuicios nos dicen cómo interpretar nueva información.

Nuestros prejuicios también interfieren con nuestro cerebro. Debemos estar al tanto de nuestras tendencias cuando diseñamos nuestras conversaciones con nuestros prospectos. Aquí hay dos ejemplos rápidos de prospectos con tendencias, y cómo podemos personalizar nuestra presentación para complementar sus tendencias.

Ejemplo #1. Vendiendo nuestra oportunidad de negocio.

Nuestro prospecto cree que tener seguridad financiera para la familia es importante. El sentimiento de estabilidad y confiabilidad que proviene de un cheque regular significa seguridad. Nuestro prospecto ve el riesgo como un peligro.

¿Mostrar nuestra oportunidad como una opción para ser independiente? Eso no estará de acuerdo con sus prejuicios.

Cuando conocemos los prejuicios de nuestros prospectos podemos presentar nuestro mensaje bajo una luz más favorable.

Ejemplo #2. Vendiendo productos de dieta.

Las personas con sobrepeso no se hicieron gordos por el ejercicio extenuante. Para evitar hacer ejercicio, ellos usan excusas como:

- "Estoy muy cansado cuando regreso a casa del trabajo."
- "Mis rodillas me duelen cuando camino mucho."
- "El ejercicio toma mucho tiempo lejos de mi familia."
- "El ejercicio es difícil, eso es para gente joven."

Muéstrales un video de ejercicio, y ya están buscando razones de por qué el ejercicio no les funciona. Ofréceles una membresía del gimnasio, y puede que tengan un ataque cardíaco.

¿Pero qué puntos de vista o tendencias tienen estas personas con sobrepeso? Vamos a mencionar algunos.

- "Es difícil hacer dietas cuando tengo hambre."
- "Adoro el sabor de la comida."
- "No puedo dormir con el estómago vacío."
- "Tener hambre todo el tiempo me pone de malas."

Así que, nuestro mensaje sería:

"Pasar hambre frena tu metabolismo. Necesitas comida. Comienza tu mañana con esta deliciosa malteada energética sabor chocolate que le encantará a tu paladar, resolverá tu antojo de chocolate, y estimulará tu metabolismo para quemar grasa rápido."

Ahora nos hemos alineado con los prejuicios de nuestro prospecto.

¿Cómo descubrimos los prejuicios de nuestros prospectos?

Empatía.

Entender los prejuicios de nuestros prospectos es fácil cuando tenemos empatía.

La empatía significa que comprendemos y compartimos los sentimientos de nuestros prospectos. Tratamos de ver las cosas desde su punto de vista. Tomemos unos pocos segundos antes que comencemos. Observemos a nuestros prospectos y sus alrededores. Pueden tener tendencias firmes que saboteen nuestro mensaje.

¿Un ejemplo?

Mi mejor amigo era un ingeniero químico muy nerd. Con una personalidad analítica, él acumulaba todas las investigaciones "correctas," luego torturaba los datos hasta que la investigación decía lo que él quería que dijera. Para productos nutricionales, él leía las etiquetas y buscaba los proveedores más baratos para cada ingrediente.

¿El resultado de su investigación? Nunca compró un solo producto nutricional. Estaba permanentemente estancado en la fase de investigación.

Entendiendo sus tendencias sobre los precios, yo sabía que no podía ganar en esta situación. Entonces, ¿cuál fue la nueva estrategia?

Usé ejemplos de lo que era conocido para él. La conversación fue algo como esto.

Yo: –Cuéntame sobre tu coche.–

Prospecto: –Este coche tiene las mejores calificaciones en cuanto a rendimiento. Solamente uso gasolina premium para asegurarme de que mantiene su valor de reventa. Disfruto de un suave manejo y de aceleración cuando la necesito.–

Yo: –¿Viste el coche nuevo en la tele que cuesta la mitad? Lo están anunciando mucho.–

Prospecto: –Ese coche es una basura barata. Yo no arriesgaría mi vida en esa trampa mortal de hojalata.–

Yo: –Ese teléfono que tienes es genial.–

Prospecto: –No es un teléfono genial, es el mejor teléfono. Puede hacer todo lo que quiera que haga, y no se hace lento como mi viejo teléfono. Pone el estándar de rendimiento, y está calificado como el mejor teléfono en el mercado.–

Yo: –¿Por qué no conseguir un teléfono más barato? Con el dinero que ahorras, puedes subir de categoría en tus comidas, papas fritas jumbo por un mes completo.–

Prospecto: –Los teléfonos baratos son baratos. Se descomponen. Se bloquean. Por eso tengo este modelo. ¡Este sí funciona!–

Yo: –Es bueno que te cuides así. Valoras lo que es importante. Estas vitaminas tienen todo lo que necesitas, para que no tengas que comprar de 35 lugares diferentes. Tu tiempo es más valioso que unos cuantos dólares. Y vale la pena cuidar de tu cuerpo.–

Prospecto: –Sí, eso tiene sentido. Yo valgo cada centavo.–

Cuando conocemos las tendencias y prejuicios de nuestros prospectos, es fácil posicionar nuestros productos y oportunidad para que estén alineados con cómo ven el mundo.

Recuerda, hablamos, pero nuestros prospectos rechazan mucho de lo que decimos debido a sus prejuicios. Luego, olvidarán la mayoría del mensaje restante.

¿Qué es lo que queda? Sólo un poco.

Queremos asegurarnos de fortalecer ese poco mensaje que queda.

Los seres humanos sólo pueden recordar un pequeño porcentaje de lo que experimentan. Queremos ser parte de ese porcentaje.

ESTRATEGIA #10:
LAS HISTORIAS SON IRRESISTIBLES.

Tony Miehle vende seguros, y lo hace bien. ¿Qué separa a Tony de los demás vendedores de seguros? Su habilidad de contar historias.

Tony sabe que su trabajo es hacer que las personas se aseguren a ellas y a sus familias. Pero para obtener esa decisión, Tony no repite datos, cifras de amortización, ni gráficas de esperanza de vida. La mayoría de los prospectos no entiende de esas cosas. No es justo pedirles que tomen una decisión sobre algo que no comprenden. Por eso le piden a Tony que hable con ellos. Las aseguradoras pueden ser complicadas.

Entonces, ¿qué presenta Tony? Una historia. Él sabe que esta es una manera más fácil de comunicar nueva información complicada. Él conserva una colección de breves historias que apropiadamente ilustran y explican cómo un seguro puede ayudarles. Aquí hay un ejemplo.

"Las aseguradoras se encargan del riesgo. Si tienes un accidente de tránsito, tu seguro arregla tu coche. Si tu casa se quema, tu seguro la reconstruye. Y si te mueres, tu seguro de vida te resucita, ¿verdad? (Risas.) Obviamente no. El propósito de un seguro de vida es tener la confianza de que tu familia no queda financieramente devastada mientras está devastada emocionalmente. Realmente es una carta de amor que dejas detrás para tu familia."

El ingrediente secreto de su éxito es narrar historias breves, fáciles de entender. Luego, le permite a los prospectos decidir si quieren el seguro o no. Si lo quieren comprar, sólo entonces Tony les explicará los detalles que quieran saber.

¿Por qué funcionan tan bien las historias?

Los hombres de las cavernas se sentaban alrededor del fuego para contar historias. Uno diría, "Si ven una lagartija gigante allá afuera, eso se llama dinosaurio. Te comerá. No juegues con ellos." (Está bien, el hombre de las cavernas llegó mucho después que los dinosaurios, pero esta historia es fácil de recordar.)

El otro hombre de las cavernas escuchaba y decía, "Ohh. Qué genial historia. Ahora no tengo que experimentar esto en persona. Esto me ayudará a sobrevivir."

Luego, los hombres de las cavernas más listos formaron un programa en sus mentes: "Si alguien nos cuenta una historia, tenemos que escuchar. Esa historia podría ser importante para nuestra supervivencia en el futuro."

¿Qué ocurrió con los hombres de las cavernas que no formaron un programa para escuchar historias? Bueno, se convirtieron en alimento para depredadores. No se reprodujeron. Todos los descendientes de los hombres de las cavernas más inteligentes tuvieron el programa que decía, "Si alguien nos cuenta una historia, tenemos que escuchar. Esa historia podría ser importante para nuestra supervivencia en el futuro."

Cuando caminamos frente a un grupo de personas y alguien está contando una historia, nuestra mente subconsciente nos ordena detenernos y escuchar. Amamos las historias. Por eso nos gustan tanto las novelas, las películas, los chismes y demás. Tan pronto como pueden hablar, los niños suplican a sus padres, "Mami, Papi, por favor cuéntame un cuento."

¿Cómo aplica esto a las decisiones de nuestros prospectos?

Las historias son la manera natural en la que aprenden nuestros prospectos.

Esto hace que aprender no tome esfuerzo. Los hombres de las cavernas no tenían presentaciones PowerPoint ni videos. ¡Ni siquiera tenían folletos!

Memorizar datos, cifras e información es difícil. Cuando nuestros prospectos escuchan una historia, sus mentes comprenden la historia y las consecuencias de la historia. Es parte de nuestro ADN.

¿Quieres que nuestros prospectos recuerden nuestro mensaje? Cuenta una historia. Las historias son naturalmente fáciles de recordar. Las historias capturan nuestra atención. No podemos recordar la lista del súper un día después de que la hicimos. ¿Pero las historias? Podemos recordar la trama entera de una película que vimos hace años.

Pero todo esto se pone mejor.

Los prospectos sienten menos escepticismo sobre los datos de una historia. Las historias son familiares y se sienten seguras de escuchar. Con menos escepticismo, nuestros prospectos se relajan, y nuestra afinidad mejora. A nuestros prospectos les encanta hacer negocio con personas agradables.

¿Las historias son agradables para nuestras mentes? Sí. Los sermones aburridos, repletos de datos son dolorosos para nuestras mentes. ¿Pero las historias? Todos amamos las historias.

Hay bastantes razones para usar historias que hagan que nuestros prospectos tomen decisiones. Pero aquí está nuestra razón favorita para usar historias.

Pensamos en hechos. ¡Sentimos historias!

Las mentes sienten historias. Experimentan emociones. Ven escenas imaginarias. Sienten que las historias les están ocurriendo a ellos.

¿Qué significa esto para nuestro mensaje? Cada vez que podamos colocar nuestro mensaje dentro de una historia, multiplicaremos el efecto de nuestra historia con los prospectos. Si es posible, evita datos, cifras, e información aburrida. Las emociones son la clave para crear recuerdos duraderos.

Queremos convertirnos en "máquinas de historias."

Aquí hay una buena regla: **"Ante la duda, cuenta una historia."**

Algunas personas son narradores naturales. Otros tienen que aprender la estructura de una historia paso por paso. Pero la mayoría de nosotros hemos estado contando historias toda nuestra vida.

Todo lo que necesitamos son unas pocas **sugerencias**. Podemos continuar desde ahí.

Las palabras "Érase una vez," anuncian que estamos a punto de contar una historia infantil. Necesitamos palabras de apertura similares para anunciar que estaremos narrando una historia de negocio a nuestros prospectos.

Aquí hay algunas sugerencias de apertura y ejemplos breves:

"Supón que..."

"Supón que tu hija adolescente llega contigo una mañana. Está llorando, '¡Mi acné está empeorando! No quiero ir a la escuela. ¡Estoy avergonzada de estos granos!' Tú entiendes qué tan frágil es la auto-imagen de tu hija durante estos años y quieres ayudar. Me llamas para conseguir un buen sistema de cuidado para el cutis para mejorar el problema de tu hija. Eso es lo que hago. Convierto problemas de piel en clientes contentos."

"El jefe dijo que tenía malas noticias."

"El jefe anunció en nuestra oficina que tenía malas noticias. Dijo, 'El negocio anda mal. La mitad de ustedes tendrá que recibir un recorte de sueldo del 40%. La otra mitad, finalizará sus labores dentro de 60 días.' Un empleado preguntó, '¿Y cuál es nuestra opción si no nos gustan estas dos opciones?' El jefe respondió, 'Oh, si no te gustan estas dos opciones, tengo buenas noticias. Estás despedido inmediatamente, y tienes libre el resto del día." Y debido a esa experiencia, nunca dejaré que el 100% de mi ingreso venga de una sola fuente. Siempre tendré un negocio de tiempo parcial como seguridad."

"Miré mi cuenta de banco y vi..."

"Miré mi cuenta de banco y me sonrojé inmediatamente. Mi cuenta, normalmente con sobregiro, ¡tenía más de $3,000! Ese ha sido el saldo más alto de mi vida. Los cheques de bonificaciones de este mes fueron más de lo que esperaba. Este negocio de medio tiempo está cambiando mi vida."

"Era Viernes Negro."

"Era Viernes Negro. El frenesí de compras del día pondría miles de dólares extra en mi cuenta de banco. La mejor decisión que jamás he tomado fue comenzar este negocio de tiempo parcial hace nueve meses."

"¡Mi doctor estaba furioso!"

"¡Mi doctor estaba furioso! Dejé de aceptar medicamentos nuevos en cada visita, y decidí hacer un cambio en mi vida. En lugar de aceptar sin razonamiento consejos médicos generales que enmascaraban mis síntomas, decidí tomar el control de mi salud. Dejé de comer comida chatarra., comencé a ejercitarme, tomar varios suplementos. Quería darle a mi cuerpo la mejor oportunidad para sanar. Y funcionó. Mi salud está de regreso a la normalidad y le dije adiós a la visitas mensuales al médico. Espero que pueda hacer los pagos de su piscina nueva sin mi ayuda."

"Cuando mi banquero me rechazó."

"Cuando mi banquero me rechazó, tuve que darle una honesta mirada a mi vida. Después de trabajar por 20 años, no era digno ni de un préstamo personal de $5,000. Me dolió. Parece ser que trabajé por 20 años para el financiamiento del coche, la hipoteca, las tarjetas de crédito y facturas de servicios. Y después de 20 años de duro trabajo, no había nada para mí. Sabía que era momento de ponerme serio con mis finanzas."

"Aquí está la historia corta."

"Aquí está la historia corta. Detestaba las facturas. El simple pensamiento de abrir esos sobres me causaba estrés. Altas facturas de teléfono celular, pero mi familia necesita estar comunicada. Altas facturas eléctricas que seguían subiendo y subiendo, pero nadie puede vivir sin electricidad. Lo primero que hice fue entrar en línea para obtener descuentos en mis servicios. Después, le dije a otras 15 personas que hicieran lo mismo. Ahora, mis cuentas son gratis y sonrío cada vez que llega el correo."

"Nunca olvidaré el día…"

"Nunca olvidaré el día en que me enteré de que mi vecino pagaba menos en su factura de celular, ¡y teníamos exactamente el mismo servicio! Sentí como una puñalada en la espalda cuando me dijo que sabía cómo recibir tarifas más bajas, y nunca lo mencionó. Algunos vecinos pasan la 'prueba de la amistad.'"

¿Y luego qué sucede?

La mayoría de los prospectos se ven a sí mismos en nuestras historias. Sienten las emociones que nosotros hemos sentido. Y estas emociones activan una decisión en los prospectos: "Sí, esto es algo que debería de hacer."

Y a nuestros prospectos les encanta esto. ¿Por qué?

Estas breves historias les ayudan a entender y sentir nuestro mensaje. Ahora pueden tomar una decisión inmediata, "¿Quiero esto o no?"

No podemos equivocarnos si pensamos, "Primero las historias."

Si sentimos que nuestras historias no serán interesantes, hay una solución fácil. Elige una historia que nuestros prospectos no puedan resistir. ¿Y qué historia debería de ser esa?

Una historia sobre fracaso personal.

A los prospectos les encanta escuchar sobre nuestros fracasos. Es irresistible. Los seres humanos aprenden de los fracasos de otras personas. Y, los fracasos de las demás personas los hacen sentir superiores. Todos aman el sentimiento de superioridad.

Si no podemos pensar en ninguna historia para nuestro negocio, intentemos con esto. Podemos narrar el fracaso o fracasos que hemos tenido que nos incitaron a comenzar nuestro negocio de redes de mercadeo. Aquí hay dos ejemplos cortos.

"Pensé que que tener un negocio regular sería grandioso."

"Pensé que tener un negocio regular sería grandioso. Desafortunadamente, olvidé a los empleados desmotivados. Empleados que no llegan a trabajar. Empleados que son rudos con los clientes. E incluso empleados que toman 'prestadas' cosas del trabajo y nunca las devuelven. No importaba cuánto vendiera, todavía tenía que pagar a mis empleados. El día que vendí mi tienda fue el día más feliz de mi vida. Y cuando comencé mi negocio de redes de mercadeo, ¿cuál fue la mejor noticia? Cero empleados. No más estrés para mí. Ahora puedo construir un negocio sin preocupaciones."

"Me estafaron en el trabajo."

"Me estafaron en el trabajo. Al comienzo del año, el jefe prometió grandes bonos si teníamos un año exitoso. Trabajamos duro, tuvimos ganancias y el jefe cambió de parecer. Yo tenía todos mis huevos en una canasta, mi empleo. Nunca cometeré el mismo error de nuevo. Por eso estoy trabajando en mi negocio de medio tiempo, para poder tener algo de seguridad en mi vida."

Las historias son humanas.

Estamos en el negocio de persona-a-persona. Si queremos que el mensaje de nuestros cerebros ingrese al cerebro de nuestros prospectos, las historias son nuestra respuesta.

Podríamos darnos cuenta de que los líderes más grandes en redes de mercadeo son grandiosos narradores de historias. Deberíamos de recordar eso.

Y FINALMENTE...

A menos que le hablemos claramente al cerebro de nuestros prospectos, tendremos resultados terribles. Nuestros prospectos no sacarán ventaja de nuestros maravillosos productos y servicios, y no sacarán ventaja de nuestra oportunidad. En algunos casos, nuestra comunicación es tan mala, que nuestro mensaje nunca ingresará a sus cerebros. Esto está reteniendo efectivamente nuestro mensaje ante ellos.

Usar estas 10 estrategias para comunicarnos con el cerebro de nuestros prospectos más efectivamente nos ayudará a transmitir nuestro mensaje. Estamos en el negocio de tomar decisiones. Nuestras compañías nos pagan por conseguir el "sí" de nuestros prospectos. Deberíamos de tomar esto seriamente.

Mucho éxito al usar estas 10 estrategias para entregar tu mensaje.

AGRADECIMIENTO.

Gracias por adquirir y leer este libro. Esperamos que hayas encontrado algunas ideas que te servirán.

Antes de que te vayas, ¿estaría bien si te pedimos un pequeño favor? ¿Tomarías sólo un minuto para dejar una frase o dos como comentario en línea de este libro? Tu opinión puede ayudar a otros a elegir qué leer a continuación. Sería de gran ayuda para muchos otros lectores.

Viajo por el mundo más de 240 días al año. Envíame un correo si quisieras que hiciera un taller "en vivo" en tu área.

→ BigAlSeminars.com ←

POR QUÉ NECESITAS COMENZAR A HACER REDES DE MERCADEO

Cómo Eliminar El Riesgo Y Tener Una Vida Mejor

KEITH SCHREITER

¡OBSEQUIO GRATIS!

¡Descarga ya tu libro gratuito!

Perfecto para nuevos distribuidores. Perfecto para distribuidores actuales que quieren aprender más.

→ BigAlBooks.com/freespanish ←

Otros geniales libros de Big Al están disponibles en:

→ BigAlBooks.com/spanish ←

MÁS LIBROS EN ESPAÑOL
BigAlBooks.com/Spanish

¡Cómo Obtener y Conservar la Atención de Tu Prospecto!
Frases Mágicas para Redes de Mercadeo

Mini-Guiones para los Cuatro Colores de las Personalidades
Cómo Hablar con Nuestros Prospectos de Redes de Mercadeo

3 Hábitos Fáciles para Redes de Mercadeo
Automatiza Tu Éxito en MLM

Crea Influencia
10 Maneras de Impactar y Guiar a Otros

¿Por Qué Mis Metas No Funcionan?
Los Colores de las Personalidades para Redes de Mercadeo

¡Cómo Hacer que los Niños Digan SÍ!
Usando los Cuatro Colores de Lenguajes Secretos para Hacer que los Niños Escuchen

La Historia de Dos Minutos para Redes de Mercadeo
¡Crea una Grandiosa Historia Memorable!

Guía de Inicio Rápido para Redes de Mercadeo
Comienza RÁPIDO, ¡Sin Rechazos!

Pre-Cierres para Redes de Mercadeo
Decisiones de "Sí" Antes de la Presentación

Cierres para Redes de Mercadeo
Cómo Hacer que los Prospectos Crucen la Línea Final

Los Cuatro Colores de Las Personalidades para MLM
El Lenguaje Secreto para Redes de Mercadeo

Cómo Construir Tu Negocio de Redes de Mercadeo en 15 Minutos al Día

La Presentación de Un Minuto
Explica Tu Negocio de Redes de Mercadeo Como un Profesional

Ventas al por Menor para Redes de Mercadeo
Cómo Conseguir Nuevos Clientes para Tu Negocio en MLM

Motivación. Acción. Resultados.
Cómo Los Líderes En Redes De Mercadeo Mueven A Sus Equipos

51 Maneras Y Lugares Para Patrocinar Nuevos Distribuidores
Descubre Prospectos Calificados Para Tu Negocio De Redes De Mercadeo

Rompe El Hielo
Cómo Hacer Que Tus Prospectos Rueguen Por una Presentación

¡Cómo Obtener Seguridad, Confianza, Influencia Y Afinidad Al Instante!
13 Maneras De Crear Mentes Abiertas Hablándole A La Mente Subconsciente

COMENTARIO DEL TRADUCTOR

Ha sido un placer para mí traducir este libro para los lectores en español. Estos *10 Atajos Cerebrales* hacen más fácil transmitir tu mensaje para que los prospectos decidan ya. Me ofrecí para traducir este libro ya que las ideas aquí mostradas han funcionado tan bien para mí, que deseaba compartirlas con otros.

Todas las ideas y frases de este libro han sido probadas por miles de empresarios de redes de mercadeo alrededor del mundo. Conoce y aplica los mejores métodos para ayudar a que tus prospectos entiendan tu propuesta y tomen la mejor decisión.

Así que deja atrás la frustración, el rechazo, el miedo, las dudas y la desesperación. Simplemente usa estos conceptos para que tu negocio y el de tu organización sea escuchado, comprendido y aceptado, ¡con menos esfuerzo!

Gracias por soltar viejos patrones de pensamiento y creer que hay una nueva manera de construir tu negocio de redes de mercadeo rápidamente, sólo aprende nuevas habilidades para construir un negocio estable, divertido y redituable de la manera correcta.

Deseo grandes cheques para ti y tus socios.

- Alejandro G.

SOBRE LOS AUTORES

Keith Schreiter tiene más de 20 años de experiencia en redes de mercadeo y multinivel. Keith le muestra a los empresarios de redes de mercadeo cómo usar sistemas simples para construir un negocio estable y en expansión.

¿Necesitas más prospectos? ¿Necesitas que tus prospectos se comprometan en lugar de estancarse? ¿Quieres saber cómo enganchar y mantener activo a tu grupo? Si éste es el tipo de habilidades que te gustaría dominar, te encantará su estilo de cómo hacerlo.

Keith imparte conferencias y entrenamientos en Estados Unidos, Canadá y Europa.

Tom "Big Al" Schreiter tiene más de 40 años de experiencia en redes de mercadeo y multinivel. Es el autor de la serie original de libros de entrenamiento "Big Al" a finales de la década de los 70s, continúa dando conferencias en más de 80 países sobre cómo usar las palabras exactas y frases para lograr que los prospectos abran su mente y digan "SI".

Su pasión es la comercialización de ideas, campañas de comercialización y cómo hablar a la mente subconsciente con métodos prácticos y simplificados. Siempre está en busca de casos de estudio de campañas de comercialización exitosas para sacar valiosas y útiles lecciones.

Como autor de numerosos audios de entrenamiento, Tom es un orador favorito en convenciones de varias compañías y eventos regionales.